Frédérique Corre Montagu
Soledad Bravi

Ganz schön schwanger!

COPRESS

Erstmals erschienen 2015 unter dem Titel „Le cahier grossesse des paresseuses"
bei Hachette Livre (Marabout).
© 2021 der deutschen Ausgabe
Copress Verlag in der Stiebner Verlag GmbH, Grünwald
www.copress.de

Übersetzung aus dem Französischen: Anja Neudert
Redaktion: Julia Niehaus, lektorat plus, Berlin
Satz: Dirk Brauns, estra.de, Berlin

Wir produzieren unsere Bücher mit großer Sorgfalt und Genauigkeit. Trotzdem lässt es sich nicht ausschließen, dass uns in Ausnahmefällen Fehler passieren. Unter www.stiebner.com/errata/978-3-7679-1270-0.html finden Sie eventuell Hinweise und Korrekturen zu diesem Titel. Möglicherweise sind die Korrekturen in Ihrer Ausgabe bereits ausgeführt, da wir vor jeder neuen Auflage bekannte Fehler korrigieren. Sollten Sie in diesem Buch einen Fehler finden, so bitten wir um einen Hinweis an verlag@stiebner.com. Für solche Hinweise sind wir sehr dankbar, denn sie helfen uns, unsere Bücher zu verbessern.

Alle Rechte vorbehalten. Dieses Buch darf nur nach vorheriger schriftlicher Zustimmung des Copyright-Inhabers vollständig bzw. teilweise vervielfältigt, in einem Datenerfassungssystem gespeichert oder mit elektronischen bzw. mechanischen Hilfsmitteln, Fotokopierern oder Aufzeichnungsgeräten bzw. anderweitig weiterverbreitet werden.

Bibliografische Information der Deutschen Nationalbibliothek
Die Deutsche Nationalbibliothek verzeichnet diese Publikation in der Deutschen Nationalbibliografie; detaillierte bibliografische Daten sind im Internet über http://dnb.dnb.de abrufbar.

ISBN 978-3-7679-1270-0

Printed in the EU

Inhalt

Einleitung 5
1. Monat 9
2. Monat 21
3. Monat 37
4. Monat 53
5. Monat 65
6. Monat 81
7. Monat 93
8. Monat 107
9. Monat 117
Anhang 129

Einleitung

Das faszinierende Abenteuer Schwangerschaft beginnt. Eine Reise voller Entdeckungen, voller Staunen, bis zum krönenden Abschluss ein neuer, kleiner Mensch in deinen Armen liegt ...

Das ist zumindest die offizielle Version – die erzählt wird, damit wir alle ganz wild aufs Kinderkriegen sind. Und dann gibt es da noch die wahre Version, die um einiges unverblümter, aber irgendwie auch lustiger ist. Denn dir steht ein ziemlicher Marathon bevor, mit körperlichen Veränderungen, vielen organisatorischen Angelegenheiten, die zu regeln sind, und so einigen herausfordernden Situationen. Puh, das strengt ja schon beim Lesen an. Und du stehst erst am Anfang ...

Deshalb haben wir uns dieses superpraktische Buch ausgedacht, das dich Woche für Woche begleiten wird und dir absolut alles über deine Schwangerschaft verrät, angefangen bei dem, was in deinem Bauch passiert, dir aber auch Platz bietet, deine eigenen Gedanken niederzuschreiben und ein paar hübsche Fotos einzukleben.

Weil wir wissen, dass deine Hirnkapazität mit wachsendem Bauchumfang abnimmt, entlasten wir dein Köpfchen außerdem mit

➕ einer Tabelle, in der du deinen mutmaßlichen Geburtstermin ablesen kannst,

➕ einer wöchentlichen Checkliste mit allen notwendigen Erledigungen und Terminen,

➕ Ratschlägen und Tipps, geprüft und abgesegnet von einer handverlesenen Auswahl von Testerinnen, und

➕ Überblicksseiten auch zu den weniger schönen Dingen einer Schwangerschaft und wichtigen Entscheidungen.

Dazu gibt es jede Woche amüsante Betrachtungen zum wahren Leben einer Schwangeren, damit du dich weniger allein fühlst, wenn du wie ein gestrandeter Wal auf dem Sofa hängst.

So. Bereit an den Start zu gehen? Auf die Plätze, fertig, los!

Wann ist es denn so weit?!

Gib's ruhig zu, wir sind doch unter uns … Du kannst es gar nicht erwarten, den Geburtstermin zu erfahren, stimmt's? Eine Kristallkugel oder Kaffeesatz haben wir nicht, aber eine praktische Tabelle, in der du deinen Termin ablesen kannst.

Das ist natürlich keine exakte Wissenschaft. Keiner kann dir garantieren, dass das Baby genau an diesem Tag kommt, es sei denn, die Geburt wird aus medizinischen Gründen geplant. Aber das ist ein anderes Thema.

So funktioniert die Tabelle: In den schwarzen Zeilen suchst du den ersten Tag deiner letzten Monatsblutung, darunter steht dann in violett der voraussichtliche Geburtstermin.

➕ »Oh nein, meine letzte Blutung begann am 29. Februar, was jetzt?« – Keine Sorge, bei dir fällt die Geburt nicht aus. Merk dir den 5./6. Dezember vor.

Wo sind denn Woche 1 und 2 hin?

➡️ Vielleicht hast du schon gesehen, dass es auf der nächsten Seite gleich mit der 3. Schwangerschaftswoche losgeht – SSW 3, wie deine Frauenärztin sagen würde. Das liegt daran, dass die Wochen ab dem ersten Tag deiner letzten Regel gezählt werden. In den ersten zwei Wochen bist du also noch gar nicht schwanger.

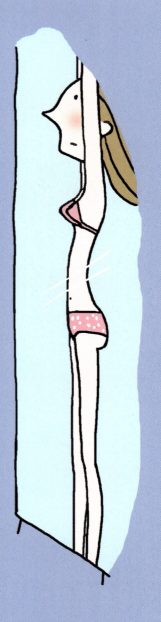

WOCHE 3

Du weißt es sicherlich noch nicht, doch in deinem Bauch tut sich schon etwas – seit dem Tag, als ein kleines Spermium völlig außer Atem sein Köpfchen in deiner Eizelle vergrub. Woraufhin sich dieses prächtige Ei in zwei Zellen geteilt hat, dann in vier, dann in acht, dann in sechzehn und so weiter und die lange Reise zur Gebärmutter angetreten hat. Aber psst! Noch ist es ein Geheimnis.

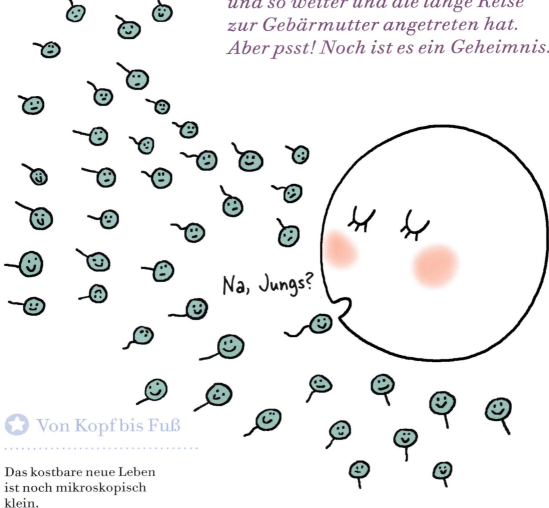

⭐ **Von Kopf bis Fuß**

Das kostbare neue Leben ist noch mikroskopisch klein.

WOCHE FÜR WOCHE • 1. MONAT

🌀 *Klebe hier ein Foto von dir mit flachem Bauch ein, bevor es zu spät ist.*

WOCHE 4

Puh, ist mir schlecht ...

Geschafft: Die kleine Zellkugel ist am Ziel angekommen, hat sich in der Gebärmutterwand eingenistet und spaltet sich jetzt auf: Die äußeren Zellen bilden die Plazenta, die inneren formen nach und nach den kleinen Winzling, der in diesem Stadium – mit Verlaub – wie eine flache Scheibe aussieht.

Schon bei der Befruchtung hat sich entschieden, ob es ein Mädchen oder ein Junge wird (unglaublich, oder?) und welche Gene es von Mama und Papa bekommt. Manchmal taucht auch ein Gen aus dem Nichts auf (nein, nicht vom Postboten!) und stiftet Unruhe.

Wie dem auch sei, jetzt kannst du erst einmal nur abwarten, wie sich eure DNA vermischen wird. In jedem Fall wird das Ergebnis einzigartig.

Irgendwie komisch ...

Seit ein paar Tagen spannen deine Brüste.

Oder das Herz klopft mehr als sonst.

Und dann diese Müdigkeit! Du nickst abends ein, bevor der Film zu Ende ist, und schläfst dann wie ein Baby (passenderweise).

Im Bauch zieht es manchmal seltsam.

Oder aber dir fällt auf: Hm, vor zwei Stunden, 13 Minuten und 47 Sekunden hätte ich doch meine Regel bekommen müssen. Oder: Warum blute ich eigentlich so wenig?

Jede Frühschwangerschaft ist anders, die Symptome variieren von Frau zu Frau. Jedenfalls beschleicht dich so eine Ahnung ...

UND DU SO? Ganz spontan, ohne lange nachzudenken: Woran denkst du bei dem Wort »Mama«?

_____

_____

_____

_____

CHECKLISTE

→ Drück deine letzte Zigarette aus.

→ Schließ die Hausbar ab und bitte deinen Schatz, den Schlüssel zu verstecken.

→ Trinke weniger Kaffee.

→ Schluss mit Junkfood (Hamburger, Chips, Limo), Fertiggerichten, Rohmilchkäse, Sushi, englisch gebratenen Steaks und Salami (mehr dazu auf S. 30)! Füll deinen Kühlschrank mit frischen Lebensmitteln.

→ Nimm keine Medikamente mehr (falls du in Behandlung bist, frag deinen Arzt).

→ Halte dich fern von Produkten, die giftige Stoffe enthalten (Lacke, Farben, Reinigungsmittel ...).

→ Verzichte auf Bungeejumping, Reiten, Tennis – kurz: auf gefährliche, aber auch auf stauchende Sportarten.

→ Das Katzenklo macht künftig ein anderer sauber.

→ Eventuelle Röntgentermine verschiebst du, denn Schwangere sollten nicht geröntgt werden.

→ Geh einen Schwangerschaftstest kaufen.

WOCHE 5

Zurück zu unserer kleinen flachen Scheibe, die seit der letzten Woche offiziell ein Embryo ist. Sie ist jetzt etwas rundlicher und sieht aus wie ein Ufo mit einem angedeuteten Kopf. Und – oh Wunder der Natur – um den 22. Tag ist das erste Mal der Herzschlag zu hören!

 Von Kopf bis Fuß

Größe: 1,5 bis 2 mm
Gewicht: Kaum messbar

Umstandshalber

• Teile dem zukünftigen Papa die gute Nachricht mit, es sei denn, du willst warten, bis du beim Frauenarzt warst.

• Falls du starke Schmerzen im Unterleib oder bräunliche Blutungen hast, ruf deinen Arzt an. Das können Anzeichen einer Eileiterschwangerschaft sein.

Bingo!

Jetzt sitzt du schon ganz schön lange auf der Toilette und starrst gebannt auf das Plastikstäbchen in deinen vor Aufregung zitternden Fingern. Eine kleine blaue Linie (oder zwei rote Linien oder das Wort »schwanger«, je nach Modell) ist dort aufgetaucht.

Aber eigentlich ist es ja keine Überraschung. In letzter Zeit sind dir seltsame Dinge aufgefallen: Im Bauch hat es gezogen, die Brüste haben gespannt ... Du bist ohne Grund müde (na ja, fast ohne). Kaffee riecht nicht mehr gut. Vor allem aber hast du schon lange nicht mehr deine Tage gehabt und deshalb besagten Schwangerschaftstest gekauft. Und – tada! – jetzt ist alles klar. In etwas weniger als neun Monaten wirst du ein sooo kleines Baby im Arm halten.

CHECKLISTE

➡ Vereinbare einen Termin bei der Frauenärztin, um dir die gute Nachricht offiziell bestätigen zu lassen. Das wird deine erste Vorsorgeuntersuchung. Dabei werden auch Routinechecks gemacht.

➡ Der Tabelle auf S. 7 kannst du den ungefähren Geburtstermin entnehmen.

❗ UND DU SO?
Wem hast du es schon erzählt?

_____
_____
_____
_____
_____
_____
_____

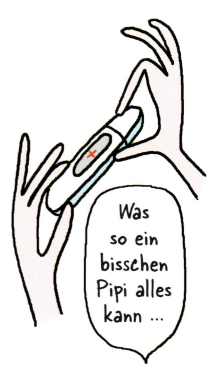

Was so ein bisschen Pipi alles kann ...

Wo soll das Baby zur Welt kommen?

Du kannst noch nicht einmal richtig fassen, dass du wirklich schwanger bist, da sollst du schon an den Teil denken, der dir am meisten Angst macht – die Entbindung? Oder vielmehr: wo sie stattfinden soll. Ja, es ist noch früh, aber manche Kliniken und Geburtshäuser, besonders in den Großstädten, sind so beliebt, dass man ohne frühzeitige Anmeldung gar nicht aufgenommen wird. Deshalb schadet es nicht, wenn du dir jetzt schon Gedanken machst.

Wichtigster Rat: Frag Freundinnen oder Kolleginnen, die kürzlich entbunden haben, wo sie waren und wie es ihnen gefallen hat.

Wenn niemand aus deinem Umfeld in letzter Zeit dieses große Abenteuer erlebt hat, kannst du auch deinen Frauenarzt fragen.

Zweiter Rat: Schreib dir auf, was du von den einzelnen Einrichtungen wissen möchtest, zum Beispiel:

➡ Bieten sie Geburtsvorbereitungskurse an? (Auch Stillvorbereitung ist empfehlenswert, wenn du stillen willst.) Wenn ja, wie sehen die aus und wie oft finden sie statt?

➡ Wie werden PDA, Kaiserschnitt und Stillen nach der Geburt gehandhabt? Damit am Tag X auch alles nach deinen Vorstellungen verläuft ...

➡ Welche Entbindungsmethoden werden angeboten?

➡ Sind Beleghebammen zugelassen?

➡ Gibt es ein Säuglingszimmer, in dem das Baby in der ersten Nacht betreut werden kann, wenn du dich erholen möchtest? Wäre nach 24 Stunden Arbeit durchaus verständlich!

➡ Ist die Einrichtung auf Notfälle vorbereitet, heißt, gibt es einen OP-Bereich, Anästhesie, Chirurgie, Brutkästen, vielleicht sogar eine neonatologische Intensivstation? Falls nicht, wie würde eine Verlegung ablaufen?

➡ Gibt es Einzelzimmer, und wie kommst du da ran?

➡ Gibt es Familienzimmer, falls der frischgebackene Papa über Nacht bleiben möchte?

➡ Hat jedes Zimmer ein richtiges Bad oder nur ein Waschbecken?

➡ Wann darf Besuch kommen, und wie lange darf er bleiben?

➡ Ist eine ambulante Geburt möglich?

➡ Welche Beratung und Hilfe stehen dir nach der Geburt zur Verfügung?

➡ Ist ein komplettes Team (Hebamme, Gynäkologie, Anästhesie, Neonatologie) verfügbar – und besteht die Möglichkeit eines kurzen Sympathie-Tests?

➡ Last but not least: Wie weit ist die Einrichtung entfernt?

Mach dir selbst ein Bild: Kliniken bieten regelmäßig Besichtigungstermine an, im Geburtshaus gibt es Beratungsgespräche.

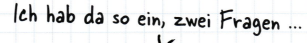

DER ERSTE VORSORGETERMIN

Du möchtest bestimmt sofort zu deiner Frauenärztin, um dir die Schwangerschaft bestätigen zu lassen. Oder brauchst du noch etwas Zeit, um das Ergebnis des Schwangerschaftstests zu verdauen? Bis zur 8. Woche kannst du dir damit durchaus noch Zeit lassen.

Die erste Untersuchung ist sehr wichtig. Du bekommst deinen Mutterpass, in dem künftig alle Daten und Befunde zum Verlauf der Schwangerschaft festgehalten werden, und du wirst durchgecheckt. Blut wird abgenommen und Urin untersucht, um beispielsweise folgende Werte zu ermitteln:
- Eiweiß (Vermehrtes Eiweiß im Urin kann ein Hinweis auf Bluthochdruck sein.)
- Blutzucker (Um eine Diabeteserkrankung auszuschließen.)
- Blutgruppe und Rhesusfaktor (Um festzustellen, ob Vorsichtsmaßnahmen gegen eine Rhesusunverträglichkeit notwendig sind.)
- Beta-HCG (Zur Datierung der Schwangerschaft.)

Außerdem wird unter anderem getestet auf:
- Antikörper
- Röteln
- Toxoplasmose
- (mit deinem Einverständnis) HIV

WOCHE 6

Neben einem großen Kopf hat dein Baby jetzt einen kleinen Schwanz (huch!) und Ansätze von Gliedmaßen. Auch im Inneren des klitzekleinen Körpers ist ganz schön was los: Organe entstehen, der Blutkreislauf wird angelegt. Das Innenohr, die Augen und die Zunge beginnen sich zu entwickeln ... Am Rücken bildet sich aus einer Zellschicht eine Röhre, aus der später das Rückenmark entsteht. Das alles in so kurzer Zeit!

⭐ Von Kopf bis Fuß

Größe: 2 bis 5 mm
Gewicht: Kaum der Rede wert, aber schon 10.000 Mal mehr als letzte Woche!

UMSTANDSHALBER

- Deine Trekkingreise durch Äthiopien in sieben Monaten stornierst du wohl besser.

- Verzichte auf Staubsaugen, das kann Wehen auslösen (zumindest sagst du das deinem Schatz, wenn du ihm eröffnest, dass du jetzt mindestens neun Monate lang keine Hausarbeit mehr machen wirst).

- Fang an, dir zu überlegen, wo das Baby zur Welt kommen soll. Ja, jetzt schon! (Siehe S. 16)

Wie ist das mit der SSW?

Du weißt mehr oder weniger genau, wann das Spermium eines gewissen Herrn mit deinem Ei Bekanntschaft gemacht hat, und nimmst deshalb an, seit vier Wochen schwanger zu sein. Also in der 4. Woche, richtig? ... In der 4. »Embryonalwoche«, ja, aber so rechnen die Frauenärzte nicht. (Warum einfach, wenn es auch kompliziert geht?) Die Medizinerinnen zählen die Wochen ab dem ersten Tag der letzten Regel und sind dadurch immer zwei Wochen voraus.

Wenn also von der Schwangerschaftswoche (SSW) die Rede ist, sind das immer zwei Wochen mehr, als du tatsächlich schwanger bist. Bei der Zählung der Monate richten wir uns aber danach, wie lange dein Bauch wirklich schon bewohnt ist.

Und du so?
Wann wurde dein Baby gezeugt?

CHECKLISTE

- Der erste Vorsorgetermin
- Mit Blutentnahme und Urinuntersuchung

Schreib hier alles auf, was du deinen Frauenarzt fragen willst:

WOCHE 7

Jetzt ist der Embryo schon einen Monat alt. Wie die Zeit vergeht! In diesen Tagen leistet er Schwerstarbeit: Der Kopf wächst enorm, um dem stetig größer werdenden Gehirn Platz zu bieten. Die Nase, der Mund, der Kiefer sind zu erahnen, die Augen und Ohren sogar schon erkennbar. An der Organfront sind bereits der Magen, die Leber und die Bauchspeicheldrüse vorhanden. Auch die Lunge beginnt sich zu entwickeln – gerade ist sie noch eine winzige Knospe. Auf dem Ultraschall ist jetzt schon der Herzschlag erkennbar!

< Wo kommt ihr denn her?

⭐ Von Kopf bis Fuß

Größe: 5 bis 7 mm
Gewicht: Fabulös

UMSTANDSHALBER

- Geh zum Zahnarzt, um sicherzustellen, dass in den nächsten Monaten keine größeren Eingriffe nötig sind.

Ab jetzt ist alles anders

Mit der ersten Blutentnahme und Urinuntersuchung ist die ärztliche Begleitung in Gang gekommen.

Du magst keine Spritzen? Tja, Pech gehabt, die werden dir im Laufe der nächsten Monate immer wieder mal begegnen. Aber keine Sorge, man gewöhnt sich daran. Und es ist ja für einen guten Zweck!

Jetzt ist vielleicht auch der richtige Moment, den angehenden Papa einzuweihen, wenn du ihm nicht längst den Schwangerschaftstest unter die Nase gehalten hast oder er selbst gemerkt hat, dass etwas im Busch ist, weil du angefangen hast, bei Windelwerbespots versonnen zu seufzen. Wie du es ihm sagst, bleibt dir allein überlassen – ob per E-Mail oder SMS (vielleicht nicht die romantischste Wahl), mit einem aufgeregten Anruf, mit Babyschühchen oder einer Rassel unter dem Kopfkissen oder in der Laptoptasche …

Hauptsache, er ist gerade ruhig und entspannt, damit er nach dem ersten Schock besonnen reagieren kann.

CHECKLISTE

➥ Wenn du die Vorsorge (außer Ultraschall) bei einer Hebamme machen möchtest, such dir jetzt gleich eine.

➥ Denk jetzt schon an die Zeit nach der Geburt: Kinderbetreuung, Elternzeit für dich, für den Papa oder gemeinsam … Zwar ist es für Entscheidungen und Anträge jetzt noch zu früh, aber dich informieren und darüber nachdenken kannst du ja schon einmal.

UND DU SO? Wie hast du deinem Schatz die Nachricht überbracht?

WOCHE 8

Nun geht alles ganz schnell: Das Gesicht (was dich ja am meisten interessiert, stimmt's?) ziert ein prächtiger Kiefer, der die Zunge beherbergt und in dem die Zähne schon angelegt sind. Der Sehnerv beginnt sich zu entwickeln. Die Augen sind offen und sehr groß, ein bisschen wie die eines Chamäleons (aber nicht in alle Richtungen drehbar). Eine ganz feine Haut entsteht auf dem Körper.

In dieser Woche bilden sich auch die Wirbelsäule und die Nieren. Arme und Beine werden länger und sind schon besser erkennbar.

UMSTANDSHALBER

• Versuche, Mittagsschlaf zu machen – und wenn du dich auf Arbeit auf der Toilette einschließen musst!

• Verlange in Bus und Bahn ruhig einen Sitzplatz, und drängle dich an der Supermarktkasse vor, auch wenn du noch keinen Bauch hast (zumindest die Frauen werden Verständnis haben).

• Bei Blutungen oder Schmerzen im Unterleib gehst du gleich zum Arzt.

⭐ Von Kopf bis Fuß

Größe: 10 bis 14 mm
Gewicht: 1,5 g

❋ Schwanger zu sein ist die reine Freude ...

Obwohl du längst kein ausschweifendes Leben mehr führst, wachst du jeden Morgen wie nach einer durchzechten Nacht auf. Die Augen zu öffnen, scheint ein Ding der Unmöglichkeit, und allein der Gedanke an eine Tasse Kaffee lässt dich würgen. Du schleppst dich ins Bad, wo du die Kloschüssel umarmst und dich dann noch einmal ins Waschbecken übergibst, um dich anschließend erneut der Toilette zu widmen. Dein Kopf dreht sich, die Beine geben unter dir nach.

Eventuell kannst du nicht mehr auf dem Bauch schlafen, weil deine Brüste so weh tun. Einen BH anzuziehen hat etwas von Folter, und du wagst kaum dich zu bewegen, aus Angst, mit der Brust irgendwo anzustoßen.

Vielleicht läuft dir der Speichel in Strömen, quält dich Sodbrennen, rumort es im Bauch – oder aber du hast Verstopfung, Krämpfe, Völlegefühl die ganze Nacht, einen metallischen Geschmack im Mund ... ganz zu schweigen von der Müdigkeit, die dich immer wieder umwirft, als hätte jemand den Stecker gezogen.

Kurz: Willkommen in der wunderbaren Welt der Schwangerschaft! Zum Glück ist der Spuk nach drei Monaten vorbei, und bis dahin gibt es ein paar Tricks, die es erträglicher machen. (Siehe S. 50).

❗ UND DU SO?
Womit hilfst du dir bei Schwangerschaftsbeschwerden?

WOCHE 9

Was soll ich mit einem Baby?

So langsam sieht es schon nach etwas aus: Der Embryo (ja, so heißt es immer noch, blöd, oder?) hat jetzt in seinem riesigen Kopf einen richtigen Kiefer, die Nase ist zu erahnen, die Augen (mit funktionierendem Sehnerv) stehen näher zusammen und die Lider sind fast fertig ausgebildet.
An den Armen und Beinen sind Finger und Zehen zu sehen. Sogar die Ellbogen kann er schon beugen! Noch nicht sehr anmutig, aber er bewegt sich – auch wenn du davon noch nichts bemerkst. Da heißt es noch Geduld haben … in ein paar Tagen siehst du ihn auf dem Ultraschall, und in ein paar Wochen spürst du ihn auch.
In dieser Woche passiert noch etwas Spannendes: Der Darm des Embryos, der bisher im Fruchtwasser schwamm, zieht sich in den Bauch zurück, der dafür jetzt genügend Platz bietet. Wir haben doch gesagt, dass er noch hübsch wird!

⭐ Von Kopf bis Fuß

Größe: 17 bis 22 mm
Gewicht: 1,5 bis 2 g

✿ Was haben wir uns nur gedacht?

Statt dir ununterbrochen ein seliges Lächeln auf die Lippen zu zaubern, löst der Gedanke an dieses kleine Wesen in deinem Bauch Panik aus. Was haben wir uns nur gedacht?, fragst du dich. Nach und nach wird dir bewusst, dass dein Leben in ein paar Monaten unwiderruflich auf den Kopf gestellt wird. Du weißt nicht, was dich erwartet, und die Sache ist unumkehrbar. (Sorry, für Babys gibt es kein Rückgaberecht.)

Ist das ein mieser Trick deiner Hormone? Ganz bestimmt, denn die spielen derzeit verrückt und sind schuld an Zerstreutheit (Wie, ich kann nicht durch Äthiopien wandern? Wie, ich darf keinen doppelten Martini trinken? Oder: Wie, ich werde in ein paar Monaten Mama?), Kraftlosigkeit und spektakulären Stimmungsschwankungen …

Doch keine Sorge, das ist ganz normal – und betrifft im Übrigen auch den künftigen Papa, auch wenn der es nicht auf die Hormone schieben kann. Das wird vorbeigehen (im zweiten Trimester) und wiederkommen (im dritten Trimester). Juhu!

CHECKLISTE

 Die zweite Vorsorgeuntersuchung steht an – mit Ultraschall. (Siehe S. 42)

UND DU SO?

Welche Zukunftsängste und großen Fragen gehen dir durch den Kopf?

UMSTANDSHALBER

- Informiere deinen Schatz über die Untersuchungstermine, damit er sich seine Arbeit so einrichten kann, dass er bei wichtigen Momenten (heißt: mindestens beim Ultraschall) dabei sein kann.

- Schenke ihm ein Buch für werdende Väter (aber ein witziges, kein beängstigendes!).

WOCHE 10

Du hast doch bestimmt gerade total Lust, mich einzuölen ...

⭐ Von Kopf bis Fuß

Größe: 3 cm
Gewicht: 2 bis 3 g

Ba-dumm, ba-dumm, ba-dumm. Das macht das Herz deines Babys jetzt, denn es ist vollständig ausgebildet, und bald wirst du es hören (Taschentücher nicht vergessen!). Das gesamte Herz-Kreislauf-System kommt in Gang, viele Organe beginnen zu arbeiten.
Der Kopf richtet sich etwas auf, auch wenn er im Vergleich zum Rest des Körpers immer noch riesig ist. Die Augenlider sind noch immer nicht ganz fertig ausgebildet, aber im Mund bringen sich schon einmal die zukünftigen Zähne in Position. Auch die Gliedmaßen waren fleißig: An Armen und Beinen, Händen und Füßen sind alle Gelenke fertig.

UMSTANDSHALBER

- Ernähre dich gut (ausgewogen, abwechslungsreich und gesund, siehe S. 30–35), aber iss nicht mehr als gewöhnlich.

- Reibe dich ab jetzt jeden Tag mit Mandelöl ein, deine Haut wird sich bald dehnen.

❋ Jetzt oder nie ... Sex ja oder nein?

Jetzt dämmert dir so langsam, was in deinem Bauch passiert und was das für die Zukunft bedeutet. Aus einem verliebten Paar werden bald Mama und Papa. Die Zeit bis dahin nutzt ihr am besten in vollen Zügen aus.

Nicht alle Männer fantasieren von Babybäuchen ... manche scheuen sich auch: Was, wenn das Baby etwas merkt? Wenn ich ihm wehtue? Wenn ich Wehen auslöse? Die Fruchtblase kaputtmache? Das ist natürlich alles Unsinn. Lasst euch nicht verrückt machen und genießt die Zweisamkeit, solange es geht!

Es sei denn, du hängst den ganzen Tag über der Toilette, dann ist dir wahrscheinlich nicht nach wildem Treiben im Bett ... Vielleicht ja nächsten Monat!

CHECKLISTE

➲ Falls du zur Vorsorge zu einer Hebamme gehst, vereinbare einen Ultraschalltermin bei einer Frauenärztin.

UND DU SO?

Stellst du schon erste seltsame Gelüste fest?

Ab ins Bett! Das Massieren hat mich ganz wuschig gemacht.

Ernährung in der Schwangerschaft

»Iss was, du bist zu dünn! Du musst jetzt für zwei essen!« Das wurde unseren Müttern und Großmüttern gepredigt, aber du könntest es später bereuen, und es stimmt auch nicht, wie wir heute wissen. Wichtig ist nicht die Menge, sondern die Qualität. Man könnte die neue Regel so formulieren: Wer schwanger ist, sollte nicht doppelt so viel essen, sondern doppelt so gut!

Das solltest du gar nicht essen:

- Rohes Fleisch (auch Salami und Rohschinken)
- Rohen Fisch (bye-bye Sushi und Räucherlachs)
- Rohmilchkäse
- Ungewaschenes Gemüse und Obst (insbesondere wenn du nicht gegen Toxoplasmose immun bist)
- Leber
- Meeresfrüchte
- Alkohol
- Erdnüsse, wenn es in deiner Familie Allergiker gibt

Das solltest du nur in Maßen genießen:

- Kaffee
- Tee
- Fettige und stark gewürzte Speisen
- Margarine (du brauchst als Schwangere mehr Cholesterin, nicht weniger!)
- Fettreduzierte und/oder Süßstoff enthaltende Produkte
- Und alles, was du unter deinem Bett versteckst: Kekse, Süßigkeiten, industrielle Backwaren ...

Deine Ernährung soll in den nächsten Monaten Folgendes erreichen:

➡ Dein Baby mit dem versorgen, was es für eine gute Entwicklung braucht (sonst zehrt es von deinen Reserven).

➡ Deinem Körper die Energie, Vitamine und Spurenelemente zuführen, die er für die anstehende Schwerstarbeit braucht.

Das bedeutet: keine Diät (sofern nicht ärztlich verordnet), vier bis fünf abwechslungsreiche, ausgewogene, leichte Mahlzeiten pro Tag zu festen Zeiten und kein Naschen (oder nur ein bisschen).

Was soll ich denn nun essen?

Statt langer Abhandlungen findest du auf den nächsten Seiten Tabellen mit Nahrungsmitteln, die den häufigsten Mangelerscheinungen am besten entgegenwirken. Die absoluten Superfoods sind lila hervorgehoben.

Was?	Wie?	Eisen	Zink	Kalzium	Magnesium	Gute Kohlenhydrate	Vitamin A	Vitamin B9	Vitamin C	Vitamin D	Tipps
GEMÜSE • GETREIDE											
Erbsen	Frisch oder tiefgekühlt		x								Stecken voller Ballaststoffe
Zuckerschoten	Frisch										Besonders lecker aus dem Wok
Spinat	Gedünstet oder roh	x									Beugt Eisenmangel vor
Brokkoli	Gedämpft										Steckt voller Ballaststoffe
Tomaten	Halbgetrocknet in Öl								x		Aromatisch zu jeder Jahreszeit!
Champignons	Roh (und gut gewaschen)										Sehr kalorienarm
Weiße Bohnen	Im Eintopf oder Salat	x									Stecken voller Ballaststoffe
Gelbe Paprika	Gehäutet und gebraten										Stecken voller Ballaststoffe
Wachsbohnen	Gedünstet										Schmecken schön herzhaft
Linsen	Im Eintopf oder Salat	x	x		x						Haben noch viel mehr Eisen als Spinat
Kichererbsen	Im Eintopf oder Salat		x								Stecken voller Ballaststoffe
Sonstige Hülsenfrüchte	Im Eintopf oder Salat		x		x						Liefern jede Menge pflanzliches Eiweiß
(Pseudo-)Getreide	Ganzes Korn										Sehr gut für Herz und Verdauung
Kartoffeln	Gedämpft oder gebacken										Super vielseitig
Reis	Heiß kalt …										Praktisch und einfach in der Zubereitung
Nudeln	Mit einem Schuss Olivenöl										So zubereitet machen sie auch nicht dick
OBST • NÜSSE • SAATEN											
Zitronen	Zum Würzen								x		Unterstützen die Eisenaufnahme
Orangen	Als Saft								x		Unterstützen die Eisenaufnahme
Erdbeeren	In der Saison zum Nachtisch										Unterstützen die Eisenaufnahme
Grapefruit	Als Vorspeise										Unterstützt die Eisenaufnahme
Getrocknete Aprikosen	Als Snack	x									Guter Ersatz für Süßigkeiten
Kandierter Ingwer	Als Snack										Wirkt gut gegen Übelkeit
Nüsse, Mandeln	Trocken geröstet			x	x						Fördern die Verdauung
Leinsamen	Im Salat						x				Reich an Omega 3
Sesam	Auf Pasta			x	x						Wirkt stark antioxidativ
Mohn	Auf Pasta			x	x						Wirkt entspannend
Kreuzkümmel, ganz	Zum Käse	x									Mildert Blähungen
Fruchtsaft	Zwischen den Mahlzeiten								x		Als Schorle guter Ersatz für Limonade

MILCHPRODUKTE
(Eines pro Mahlzeit)

Was?	Wie?	Eisen	Zink	Kalzium	Magnesium	Gute Kohlenhydrate	Vitamin A	Vitamin B9	Vitamin C	Vitamin D	Tipps
Joghurt	Vollmilch, natur			x							Stärkt das Immunsystem
Quark	Ungesüßt, 20 %			x							Sättigt, ohne dick zu machen
Butter	In kleinen Mengen						x				Wirkt antioxidativ
Milch	Fettarm			x							Kann beim Kochen statt Sahne verwendet werden
Parmesan	Am Stück oder gerieben			x							Der Hartkäse mit dem geringsten Fettgehalt
Emmentaler	In Scheiben, am Stück oder gerieben						x				Unterstützt die Verdauung bestimmter Gemüsesorten
Bergkäse	In Scheiben, am Stück oder gerieben						x				Schön kräftig im Geschmack
Camembert	In Scheiben, am Stück oder gerieben			x							Gute Eiweißquelle
Leerdamer, Tilsiter	In Scheiben, am Stück oder gerieben			x							Gute Eiweißquelle
Edamer, Gouda	In Scheiben, am Stück oder gerieben			x							Gute Eiweißquelle

TIERISCHES EIWEISS
(Im Verhältnis 1:2 zu pflanzlichem Eiweiß)

Was?	Wie?	Eisen	Zink	Kalzium	Magnesium	Gute Kohlenhydrate	Vitamin A	Vitamin B9	Vitamin C	Vitamin D	Tipps
Lachs	Durchgegart	x									Omega 3 ist gut gegen Stress
Forelle	Gedämpft										Gut für Herz und Kreislauf
Seelachs	Gedämpft										Mild im Geschmack
Sardinen	Aus der Konserve	x					x				Direkt verzehrfertig
Hering	Aus der Konserve										Reich an Omega 3
Thunfisch	Aus der Konserve	x									Direkt verzehrfertig
Makrele	Aus der Konserve										Direkt verzehrfertig
Rind	Schulter		x								Enthält wertvolle Eiweiße
Kalb	Schulter		x								Schön mager
Lamm	Schulter oder Filet		x								Gut für die Knochen
Ente	Braten mit Haut	x									Sehr leckeres Fleisch
Eigelb	Bio	x					x				Super vielseitig

Was?	Wie?	Eisen	Zink	Kalzium	Magnesium	Gute Kohlenhydrate	Vitamin A	Vitamin B9	Vitamin C	Vitamin D	Tipps
GEWÜRZE • KRÄUTER											
Zimt	Gemahlen										Stärkt das Immunsystem
Paprika	Gemahlen	x									Verbessert die Durchblutung
Safran	In Fäden								x		Wirkt schmerzlindernd
Koriander	Ganz	x		x							Verbessert die Durchblutung
Lorbeer	Blätter	x					x				Natürliches Mittel gegen Depression und Stress
Estragon	Frisch oder gefriergetrocknet						x				Fördert die Verdauung
Minze	Frisch oder gefriergetrocknet			x					x		Regt die Durchblutung an
Thymian	Frisch oder gefriergetrocknet			x					x		Wirkt entzündungshemmend
Petersilie	Frisch oder gefriergetrocknet		x	x							Wirkt belebend
Basilikum	Frisch oder gefriergetrocknet			x					x		Hilft gegen Erkältungen
Rosmarin	Frisch oder gefriergetrocknet			x					x		Verbessert die Durchblutung
Schnittlauch	Frisch oder gefriergetrocknet		x						x		Fördert die Verdauung
SONSTIGES											
Schokolade, Kakao	Zum Nachtisch, ungezuckertes Pulver	x	x								Gesünder als Nuss-Nougat-Creme
Zucker	In Maßen				x						»Weniger ungesund« als Süßstoffe
Honig	In Maßen				x						Gute Zuckeralternative
Konfitüre	In Maßen					x					Alternative für Honig, falls du den nicht magst
Vollkorn-Flakes	Als Frühstück oder Zwischenmahlzeit	x		x							Regen die Verdauung an
Kichererbsenmehl	Für Pfannkuchen				x						Gesünder als Weißmehl
Buchweizenmehl	Für Pfannkuchen und Muffins				x						Leicht verdaulich und gibt Kraft

Diese Zusammenstellung soll nicht heißen, dass du nichts anderes mehr essen darfst oder den ganzen Tag Lorbeerblätter kauen sollst. Denk nur immer an unser Mantra: abwechslungsreich, ausgewogen, leicht ...

Geheimrezepte

Heisshungerstopp

👄 Du hängst durch und brauchst dringend etwas zu essen. Statt irgendwas in dich hineinzustopfen, kannst du dir diesen leichten, aber *energiereichen Snack* zubereiten.

Für 1 Portion
- 1 Handvoll Nüsse oder Cashewkerne, trocken geröstet
- 1 Banane
- 1 Naturjoghurt (oder Quark 20 %)
- Saft einer halben Zitrone

Nüsse klein hacken. Banane in kleine Stücke schneiden und zugeben. Joghurt und Zitronensaft unterrühren.

Augen schließen und genießen!

Vitaminbombe

👄 Auf einen Schlag jede Menge Vitamine und Mineralstoffe? Ganz einfach mit einer *grünen Gemüsesuppe*!

Für 1 Topf (Rest einfrieren!)
- 4 Zucchini
- 1 Stange Lauch mit Grün
- 2 bis 3 große Handvoll frischer Spinat
- 2 bis 3 große Handvoll grüne Bohnen (frisch oder tiefgekühlt)
- TL Butter
- 1 Würfel Geflügelbrühe
- 1 EL Crème fraîche (optional)
- Salz
- Pfeffer

Gemüse putzen und in kleine Stücke schneiden.

Lauch und Zucchini in der Butter andünsten. Spinat hinzufügen. Gut verrühren und weitere 2 Minuten dünsten. Bohnen zugeben, mit Wasser bedecken, Brühwürfel hinzufügen, abdecken und bei schwacher Hitze 30 Minuten köcheln lassen.

Alles pürieren und mit Salz und Pfeffer abschmecken. Falls gewünscht, Crème fraîche (oder etwas Milch) einrühren. Guten Appetit!

Kalorienarmer Energiespender

👄 Ja, so etwas gibt es. Dieser würzige *Hülsenfrüchtesalat* beweist es.

Für 1 Portion
- 50 g Schälerbsen
- 50 g rote Linsen
- 50 g Kichererbsen (aus der Dose)
- 1 TL Kreuzkümmel, gemahlen
- 1 TL Koriander, ganz
- 1 TL Mohn
- 1 Knoblauchzehe, gepresst
- 1 Stück Ingwer, etwa 1 cm lang, gerieben
- 1 halbe rote Zwiebel, fein gehackt
- 30 ml Öl
- Saft von einer Zitrone
- 1 EL Minze, fein gehackt
- Salz

Schälerbsen und Linsen abspülen und in Salzwasser kochen (bei unterschiedlicher Kochdauer in getrennten Töpfen).

Kichererbsen mit kaltem Wasser abspülen.

In einer Pfanne etwas Öl erhitzen und darin Kreuzkümmel, Koriander und Mohn unter Rühren erhitzen. Knoblauch und Ingwer hinzufügen und anschwitzen, bis dir der Duft in die Nase steigt.

Schälerbsen, Linsen und Kichererbsen in einer Salatschüssel vermischen. Würzmischung und gehackte Zwiebel hinzufügen. Mit Öl, Zitronensaft, Minze und Salz abschmecken. Da wirst du dich reinlegen wollen!

LEICHTE BEINE

🌀 *Statt literweise grünen Tee in dich hineinzukippen (was in der Schwangerschaft nicht ratsam ist, weil es zu Eisenmangel führen kann), trinke lieber unseren Rote-Beeren-Smoothie mit Minze, der die Durchblutung so richtig in Schwung bringt.*

Für 1 Smoothie
- 300 g Beerenmischung (tiefgekühlt)
- 1 Naturjoghurt
- 2 bis 3 Blätter frische Minze
- 2 EL Zucker oder 1 EL flüssiger Honig

Beeren, Joghurt, Minze sowie Zucker oder Honig in den Mixer geben und auf hoher Stufe fein pürieren, bis keine Stückchen mehr zu sehen sind. Nachsüßen, wenn du magst, und sofort trinken.

VERDAUUNGSHELFER

🌀 *Das Zauberwort bei Verstopfung? Ballaststoffe. Trifft sich gut: Dieser Zitrusfrüchtesalat steckt voll davon.*

Für 2 Portionen
- 1 kleiner Bund Brunnenkresse
- 1 kleiner Kopfsalat
- 1 Grapefruit
- 1 Orange
- 1 EL Olivenöl
- 1 EL Zitronensaft
- 4 Walnusskerne, grob gehackt
- Salz

Kresse und Salat verlesen, kleinschneiden, waschen und schleudern. In eine Schüssel geben.

Grapefruit und Orange filetieren und die Stücke unter den Salat mischen.

Mit Öl, Zitronensaft und Salz würzen und vorsichtig die Nüsse unterheben.

Lass es dir schmecken!

VERWÖHNDESSERT

🌀 *Süßes genießen ohne Reue … Das muss kein Traum bleiben mit unserer leichten Mousse au Chocolat. Außerdem macht Schokolade glücklich – also worauf wartest du noch?*

Für 4 Portionen
- 1 halbe Tafel Zartbitterschokolade
- 3 Eier
- 1 Prise Salz

Schokolade in Stücke brechen, 2 EL Wasser hinzugeben und auf höchster Stufe 2 Minuten in der Mikrowelle schmelzen.

Währenddessen die Eier trennen. (Auf das Legedatum achten. Während der Schwangerschaft sollten rohe Eier nur ganz frisch verzehrt werden.)

Die geschmolzene Schokolade umrühren (nicht zu kräftig, sonst wird es ein Klumpen). Die Eigelbe hinzugeben und verrühren. Beiseitestellen.

Eiweiße mit einer Prise Salz steifschlagen. Vorsichtig die Hälfte der Schokolade unterheben, indem du die Mischung von unten nach oben umwälzt. Nach und nach auch die restliche Schokolade unterheben. Nicht rühren, sonst fällt der Eischnee zusammen!

3 Stunden im Kühlschrank ruhen lassen.

WOCHE 11

Hm, der Slip ist ganz schön schwer.

Jetzt bist du schon im 3. Monat. Verrückt, wie die Zeit rast. Seit mehr als neun Wochen wächst ein kleines Menschlein in dir heran. Schauen wir uns doch mal an, wie es ihm gerade ergeht: Es hat ordentlich zugelegt, ist jetzt schon so groß wie ein Daumen und wiegt etwa zehn Gramm – hat sein Gewicht also innerhalb einer Woche mehr als verdreifacht! Das ist, als würdest du heute 55 Kilo wiegen und nächste Woche 190.

In die Höhe geschossen ist dein kleines Wunder auch: von ungefähr drei auf fast sechs Zentimeter. Im Gesicht sieht es immer weniger wie E. T. aus: Der Kopf wird rundlicher, die Lippen formen sich aus und die Nasenflügel, wenn auch noch ohne Nasenlöcher. Die Augen sind jetzt ganz von den Lidern bedeckt. Wenn es ein Junge ist, fangen die Hoden an, Testosteron zu produzieren!

⭐ Von Kopf bis Fuß

Größe: 5,5 cm
Gewicht: 10 g

Vom Embryo zum Fötus

Dein Baby ist inzwischen offiziell kein Embryo mehr, jetzt heißt es »Fötus«, und diesen Namen behält es bis zur Geburt. Um diese Woche herum wirst du es wahrscheinlich auch das erste Mal auf dem Ultraschall sehen. Das wird aufregend!

Beim Frauenarzt wirst du wie jedes Mal gewogen, denn dein Gewicht wird während der ganzen Schwangerschaft überwacht. Für viele Frauen ist das nicht gerade der erhebendste Moment der Untersuchung. Aber am besten gewöhnst du dir gleich ab, vor der Zahl auf der Waage zu erschrecken, denn Gewichtszunahme ist normal und wichtig. Wundere dich nicht, wenn die Waage in der Arztpraxis fünf Kilo mehr zeigt als bei dir zu Hause – die medizinischen Waagen sind gemeinerweise sehr viel genauer. Du hast also nicht von einem Tag auf den anderen fünf Kilo zugenommen. Noch nicht. Das kommt erst in ein paar Wochen …

CHECKLISTE

Behalte dein Gewicht im Blick. Je größer der Bauchzwerg wird, desto höher schlägt deine Waage aus. Deiner Frauenärztin wäre eine Zunahme von 1 bis 1,2 Kilo pro Monat am liebsten. Doch so regelmäßig klappt das selten.

UND DU SO?

Die engsten Vertrauten wissen jetzt Bescheid. Wem erzählst du es als Nächstes?

UMSTANDSHALBER

• Wenn du es gar nicht mehr aushältst, kannst du deine Neuigkeiten jetzt im engsten Kreis verkünden (Vorsicht Fettnäpfchen: Beiden Omas gleichzeitig!). Sonst warte lieber noch ein bisschen: Das Risiko für eine Fehlgeburt sinkt in den nächsten Wochen noch einmal rapide.

• Halte dich oft an der frischen Luft auf, und trinke viel, um Harnwegsinfekten vorzubeugen.

WOCHE 12

Das Kleine ist jetzt ziemlich aktiv, probiert seine Gliedmaßen aus und hält die geballten Fäustchen wie ein Boxer vors Gesicht. Dabei entwickeln sich das Nervensystem und die Reflexe, die später unter anderem zum Saugen, Schlucken und Greifen gebraucht werden. Das Baby treibt überall Knospen: Auf dem Kopf bilden sich die Haarzwiebeln, und im Kiefer positionieren sich schon einmal die bleibenden Zähne unter den Milchzähnen. Erfahrene Ärzte können in dieser Woche mit etwas Glück bereits sagen, ob es sich um einen Jungen oder ein Mädchen handelt, denn die Genitalien sind erkennbar. Und das Baby legt sich jetzt auch die Stimmbänder zu, die es in ein paar Monaten eindrücklich zum Einsatz bringen wird.

Geht's gut da drin?

⭐ Von Kopf bis Fuß

Größe: 7,5 cm (ungefähr Mittelfinger-Größe)
Gewicht: 18 g

UMSTANDSHALBER

- Wenn dich der Blick auf die Waage nervös macht, wiege dich nur ein Mal im Monat.

- Iss bei Heißhunger lieber einen Apfel, statt dir die Kekspackung zur Brust zu nehmen.

✳ Das Phänomen der Schwangerschaftsdemenz

Diese E-Mail hast du jetzt schon drei Mal gelesen und sie immer noch nicht verstanden.

Du starrst Unterlagen an, die du ganz dringend bearbeiten müsstest, kannst dich aber nicht überwinden.

Du brauchst einen halben Tag, um einen Brief zu adressieren.

Termine und Verabredungen vergisst du mit bemerkenswerter Regelmäßigkeit.

An der Haltestelle steigst du grundsätzlich in den Bus ein, der genau in die falsche Richtung fährt.

Ganz zu schweigen von deinem Schlüssel, deinem Handy, deiner Einkaufsliste und deiner Brille, die du jeden Tag aufs Neue suchst. Mensch, ich habe sie doch auf dem Kopf! (Deine Brille, nicht die Einkaufsliste.)

Doch wie kommt das? Schuld sind die Hormone, die in Kombination mit Müdigkeit und Ängsten die Gehirnzellen von Schwangeren durcheinanderbringen. Aber das geht vorbei. In ein paar Monaten wird deine legendäre Intelligenz ihr großes Comeback feiern. Lass bis dahin fünfe gerade sein, du hast die beste Ausrede!

❗ UND DU SO? Welche verrückten Momente beschert dir deine Schwangerschaftsdemenz?

_____

_____

_____

_____

CHECKLISTE

➜ Spätestens jetzt: der erste Ultraschall.

✚ *Schreib hier auf, was du beim Ultraschalltermin fragen möchtest:*

Der erste Ultraschall

*Die Sonde steckt an deiner intimsten Stelle.
Ein weißer Schleier auf schwarzem Untergrund ... Formen tauchen auf, tanzen auf dem Bildschirm ... Da bewegt sich etwas!
So genau du auch hinschaust ... Du siehst rein gar nichts.*

Und dann plötzlich ... Bingo! Eine putzige kleine Silhouette. Du schaust zu deinem Mann, der ganz gebannt auf den Bildschirm starrt und keinen Ton sagt. Du bekommst Panik: Hat er vielleicht ein zweites Baby dahinter entdeckt oder sieht er, dass ein Bein fehlt? Aber nein, es ist nur eins, und es ist absolut wohlgeformt und sieht aus wie ein kleiner Astronaut, wie es da so herumschwebt. Eine Träne kullert dir aus den Augen, dann eine zweite, und bald ist es ein ganzer Wasserfall ... Ihr seht euch an: So etwas Süßes haben wir gemacht?!

Nun hast du es gesehen. Es ist nichts mehr daran zu rütteln: Du bekommst wirklich ein Baby!

Während du noch vor dich hin schniefst, schaut sich der Arzt unbeeindruckt (da hat er schon ganz andere gesehen) alles ganz genau an:

- Größe des Babys, anhand der noch einmal der Geburtstermin berechnet wird,
- allgemeiner Zustand der Gebärmutter,
- Lage der Plazenta.

Daneben wird noch jede Menge mehr gemessen, unter anderem der Kopfdurchmesser (BPD), der Bauchdurchmesser (ATD), die Oberschenkellänge und – wenn du möchtest – die Nackentransparenz.

Das alles sind Indizien dafür, wie gut sich dein Kind entwickelt.

Und natürlich werden auch die Herztöne des Kindes überprüft, wobei ganz sicher auch dein Herz höher schlagen wird!

*Klebe hier ein
Ultraschallbild ein.*

WOCHE 13

Im zweiten Trimester bekommt das Baby schon richtige Gesichtszüge. Der Darm ist so lang, dass er noch etwas aus dem Bauch herausschaut (aber keine Sorge, das wird noch). Das größte Ereignis dieser Woche jedoch: die ersten Knochen verfestigen sich (Rippen, Becken)! Ansonsten macht der Zwerg pausenlos Party. Er hat jede Menge Platz, und das nutzt er aus. Er bewegt die kleinen Hände und übt sich im Schattenboxen. Weil er nicht größer als eine Libelle ist, merkst du davon nichts – doch er spürt dich sehr wohl. Wenn du deine Hand auf den Bauch legst, reagiert er darauf – er will schon kuscheln!

RICHTUNG HBF

Wie bin ich hierher gekommen?

⭐ Von Kopf bis Fuß

Größe: 8,5 cm
Gewicht: 28 g

Umstandshalber

- Schlafe nicht mehr auf dem Bauch, um keinen Druck auf die Gebärmutter auszuüben. Da die jetzt schon recht groß ist (von der Orange zur Grapefruit angewachsen), ist das wahrscheinlich ohnehin nicht mehr bequem.

❋ *Vom Versuch, noch mal richtig zu feiern*

Als du zur Party des Jahres eingeladen wurdest, hast du dir gedacht: Super! Da bin ich noch fit genug, da geh ich hin! Am Tag X, voller Vorfreude darauf, ein für lange Zeit letztes Mal die Sau rauszulassen, hast du dich stundenlang geschminkt und herausgeputzt und in deinem Freundeskreis einen sensationellen Auftritt hingelegt.

Bald warst du auf der Tanzfläche, um deine besten Moves zu zeigen ... bis dir dein Bauch wehtat (ja, so schnell). War wohl nichts mit Dancing Queen.

Um nicht nur herumzustehen, hast du beschlossen, etwas zu trinken, aber nach dem zehnten Glas Orangensaft konntest du dich nicht mehr bewegen und hast sehnsüchtig zu den Sektflaschen geschielt (Finger weg!).

Du hast dich nach deinen Freundinnen umgesehen, aber die sind alle eine rauchen gegangen (Finger weg!). Und nachdem dein Bauch zum zigsten Mal knapp einem Ellenbogenstoß entgangen ist, hast du dich allein in die Küche geflüchtet, wo du nun zwischen einer Pizza und einer Sushiplatte sitzt (Finger weg!). Von Mitleid ergriffen gesellen sich deine Freundinnen zu dir und verwickeln dich, weil sie dir eine Freude machen wollen, in ein Gespräch über das sicherlich einzige Thema, das dich derzeit interessieren kann: das Baby.

Zu Hilfe!!!

  UND DU SO? Wie ergeht es dir auf Partys, jetzt, wo White Russian und Mojito tabu sind?

CHECKLISTE

➲ Die dritte Vorsorgeuntersuchung mit (freiwilligem) Ersttrimester-Screening zur Bestimmung des Trisomie-Risikos.

➲ Gib deinem Arbeitgeber Bescheid, dass du schwanger bist.

➲ Melde dich zu einem Geburtsvorbereitungskurs an. Der beginnt zwar erst etwa in der 24. Woche, aber die begehrten sind oft schnell ausgebucht.

Dornröschen war ein schönes Kind, schönes Kind ...

WOCHE 14

In dieser Woche hat sich dein Baby von seinem Dottersack verabschiedet, der sich bisher um die Produktion der Blutzellen gekümmert hat. Das kann unser kleiner Profi jetzt schon selbst – in der Leber. Das Knochenmark wird auch bald einspringen und mithelfen. Was passiert sonst noch? Bei Jungs wird der Pipimann sichtbar, bei den Mädels produzieren die Eierstöcke schon Hormone. Der Hals streckt sich elegant, und die Augen sitzen endlich an ihrem endgültigen Platz. Ganz wichtig: Die Plazenta ist voll ausgebildet, ab jetzt geht nichts mehr ohne sie. Sauerstoff und Nährstoffe leitet sie von dir an das Kleine weiter, Abfallprodukte gibt sie zurück.

Vielleicht kaufe ich mir doch ein paar bequemere Sachen ...

Von Kopf bis Fuß

Größe: 10 cm
Gewicht: 45 g
(etwa eine halbe Tafel Schokolade)

UMSTANDSHALBER

• Lass deine Mitgliedschaft im Kampfsport- oder Turnverein ruhen und weiche lieber auf Yoga, Pilates und Schwimmen aus. Oder geh spazieren!

Sexy oder Baumwolle?

Spätestens jetzt nervt dich wahrscheinlich deine schicke Unterwäsche. Strings kneifen im Schritt, der Hüftgummi deiner Pantys schnürt dir den Bauch ein, und dein Spitzen-BH irritiert deine Brüste ... Das ist ganz normal. Du wirst dich damit abfinden müssen, dass du deine besten Teile bis auf Weiteres einmotten und stattdessen in superbequeme Unterwäsche investieren wirst.

Am besten sind niedrig geschnittene Slips, die dem Bauch seinen Freiraum lassen, und BHs mit breiten Trägern, wobei du die Unterbrustweite so wählst, dass beim Schließen mindestens eine Häkchenreihe frei bleibt. Deine Brüste legen in den nächsten Wochen übrigens eine Wachstumspause ein, werden zum Ende hin aber noch einmal ordentlich zulegen. Deshalb warte noch, bist du einen Umstands-BH kaufst, es kann durchaus sein, dass du bald eine Körbchengröße tragen wirst, die du dir nie hättest träumen lassen!

UND DU SO? Dein Einkaufszettel ... Für welche Stücke brauchst du dringend Ersatz, bevor noch Nähte platzen?

CHECKLISTE

➜ Wenn Sex schmerzt (Wie? Ich dachte, es kann nichts passieren?), suche deine Ärztin auf.

➜ Ernähre dich ausgewogen, um eine Schwangerschaftsanämie zu vermeiden. Das Baby zieht jetzt Vitamine und Mineralstoffe direkt aus deinem Blut. Welche Lebensmittel empfehlenswert sind, erfährst du auf S. 31–33.

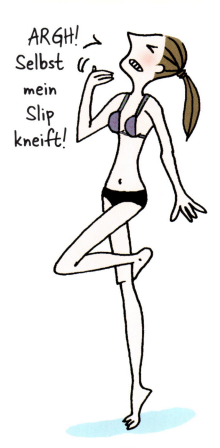

WOCHE 15

In deinem Bauch wächst und zappelt es immer weiter. Der Zwerg kann jetzt alles bewegen: Finger, Hände, Handgelenke, Ellenbogen, Knie, Zehen ... Und manche fangen an, mit dem Mund Saugbewegungen einzuüben.
Durch Melanin bekommt das Baby jetzt langsam etwas Farbe. Ein primitives Verdauungssystem entwickelt sich, das aufnehmen und auch ausscheiden kann – und zwar direkt in das Fruchtwasser, von dem das Ungeborene in kleinen Schlucken auch trinkt! Alles klar, jetzt fängt es an, eklig zu werden, denkst du bestimmt. In einem hast du recht: Das ist erst der Anfang.

⭐ Von Kopf bis Fuß

Größe: 12 cm
Gewicht: 65 g

UMSTANDSHALBER

- Wenn du deinen Mitmenschen am liebsten mit allen Einzelheiten deiner Schwangerschaft auf den Keks gehen möchtest, schreib einen Blog!

❋ »Ich muss euch was erzählen…«

Dass deine Chefin nicht begeistert ist, damit hattest du gerechnet. Sie möchte eben ungern auf dich verzichten. Als ob es so verwunderlich ist, dass Frauen auch mal schwanger werden … Aber gut.

Was dich aber überraschen kann, ist die Reaktion deines privaten Umfelds. Statt einem »Ach, wie schön, wir freuen uns für dich!« hörst du vielleicht:

- »In deinem Alter? Das ist doch leichtsinnig. Mach dich auf Bettruhe gefasst!« *(bei den über 35-Jährigen)*
- »In deinem Alter? Weißt du überhaupt, worauf du dich einlässt?« *(bei den unter 25-Jährigen)*
- »Noch mal?«
- »Jetzt schon?«
- »Ha, jetzt wirst du auch endlich dick!« *(bei den Dünnen)*
- »Echt? Wir hatten ja schon nicht mehr damit gerechnet!«
- »Dacht' ich's mir doch, dass du nicht freiwillig auf Alkohol verzichtest!«
- »Heiratet ihr jetzt?«
- »Du liebe Güte, wie willst du das nur schaffen?« *(wenn du Zwillinge erwartest)*

Tja, die Nachricht von einer Schwangerschaft sorgt nicht immer nur für Jubel. Mach dich darauf gefasst, allerhand Unsinn zu hören!

CHECKLISTE

 Wenn es beim Pipimachen brennt oder du ein rötlich gefärbtes Sekret in deinem Slip entdeckst, ruf deinen Arzt an.

❗ UND DU SO?

Jetzt hast du's verraten! Und? Ist Tante Eva umgekippt? Hat Opa Karl feuchte Augen bekommen?

So überlebst du die »kleinen« Unannehmlichkeiten der Schwangerschaft

Übelkeit

Bei den meisten Schwangeren erledigt sich das Übelkeitsproblem nach dem 3. Monat. Bis dahin helfen dir vielleicht folgende Tipps weiter.

- Wenn dir beim Zähneputzen übel wird, nimm eine Zahnbürste mit kleinem Kopf und eine milde Zahnpasta.
- Iss kandierten Ingwer.
- Trinke ein kleines Glas Cola.
- Versuch es mit einem Akupressurarmband gegen Übelkeit aus der Apotheke.
- Nimm Zwischenmahlzeiten zu dir, damit der Magen nie ganz leer ist, zum Beispiel eine Kleinigkeit um 11 und um 16 Uhr.
- Trinke nicht zu viel Kaffee.
- Verzichte auf fettige, stark gewürzte Speisen und iss stattdessen lieber neutral oder frisch schmeckende Sachen wie weißes Fleisch, Nudeln, Reis, Naturjoghurt, Grapefruit, Ananas, Erdbeeren, Äpfel …
- Trinke direkt nach dem Essen etwas heißes Wasser mit einer Scheibe Zitrone.
- Iss zwischen den Mahlzeiten Obst.
- Massiere den Punkt in der Mitte des rechten Handgelenks.
- Wenn es Winter ist, dreh die Heizung herunter (19–20 °C).
- Entspanne dich, denn Übelkeit kann auch durch Angst und Sorgen bedingt sein.
- Versuche es mit sanften Behandlungsmethoden wie Homöopathie, Osteopathie, Akupunktur und Reflexzonenmassage.

Vielleicht kann dich der Gedanke ein bisschen trösten, dass die Übelkeit ein gutes Zeichen ist: Sie bedeutet, dass in deinem Bauch alles nach Plan verläuft.

Schmerzende Brüste

Noch lohnt es sich nicht, in einen Umstands-BH zu investieren. Kaufe einen Sport-BH mit breiten Trägern, um
- eine gute Haltung zu unterstützen und
- deinen Schatz davon abzuhalten, ständig hinfassen zu wollen (du wirst schon sehen). Trage ihn tags und nachts. Ach so … zwischendurch mal waschen!

Schwanger sein ist manchmal nicht sehr glamourös …

Hämorrhoiden

Zuallererst: Verliere keine Zeit, damit es nicht schlimmer wird und du nicht auf allen vieren vor der Spezialistin erscheinen musst! Was du selbst tun kannst?

- Liege so viel wie möglich.
- Trage Baumwollunterhosen statt Strings. Ja, so richtige Omaschlüpfer!
- Reinige den schmerzenden Bereich nach jedem Toilettengang gründlich mit einem angefeuchteten Wattebausch, und trage dann eine Spezialcreme auf. Für einen besonderen, lindernden Effekt kannst du die Salbe im Kühlschrank aufbewahren.
- Mach mehrmals täglich ein viertelstündiges Sitzbad mit warmem Wasser (du musst ja niemanden zuschauen lassen). Aber auch Kälte tut gut, zum Beispiel in Form einer Kühlkompresse. Probiere aus, was für dich angenehm ist!
- Schluss mit Tee, Kaffee und scharfen Gewürzen, die machen den Schmerz nur schlimmer.
- Für leichteren Stuhlgang solltest du viel, sehr viel Wasser trinken und reichlich Ballaststoffe zu dir nehmen.
- In Absprache mit deinem Arzt kannst du Schmerzmittel nehmen.
- Und tröste dich, du bist beileibe nicht allein mit deinem Leid. Der watschelnde Gang, den schwangere Frauen oft haben, liegt nicht immer nur am großen Bauch!

Verstopfung

Die nächsten Wochen lässt nicht nur du es (hoffentlich) ruhig angehen, sondern leider auch dein Darm. Das Progesteron macht ihn faul, und das Baby drückt ihn zur Seite.

- Trinke viel Wasser.
- Stopfe dich mit Obst voll, vor allem mit getrockneten Aprikosen und Pflaumen.
- Iss Brot, Reis und Nudeln immer in der Vollkornvariante.
- Wenn nichts mehr geht: Milchzucker in Saft oder Joghurt eingerührt, alternativ Leinsamen, Weizenkleie oder Flohsamen im Müsli. (Dazu viel trinken!)
- Versuche es mit Homöopathie.

Auch wenn du kurz davor bist zu verzweifeln, übertreibe es nicht mit den Behandlungen, sonst schlägt es ins Gegenteil um. Du solltest auf jeden Fall schnell reagieren, damit es nicht noch zu Hämorrhoiden oder gar Thrombosen kommt, denn das tut dann WIRKLICH weh.

WOCHE 16

Im 4. Monat verfestigt sich das Skelett deines Babys langsam. Der Zwerg ist ständig aktiv, und dafür sind nicht mehr nur Reflexe, sondern jetzt auch das Gehirn verantwortlich. Er kann Schluckauf haben, auch wenn du davon noch nichts merkst. Sein Immunsystem nimmt den Betrieb auf, obwohl er über die Plazenta noch durch deine Hormone geschützt ist.

Seit der letzten Woche hat er ganz ordentlich an Gewicht zugelegt, von etwa 60 Gramm auf knapp über 100. In diesem Tempo wird er bald erste Speckröllchen ansetzen!

Die Beine haben in der Länge jetzt die Arme überholt (und werden bis ins Teenageralter ungebremst weiterwachsen). Der Darm ist im Normalfall ganz im Bauch verschwunden, und die Organe üben Teamwork. Wenn das Baby günstig liegt, kann die Ärztin jetzt deutlich sehen, ob es ein Mädchen oder ein Junge ist.

⭐ Von Kopf bis Fuß

Größe: 14 cm
Gewicht: 110 g

✱ *Ein neues Kapitel beginnt …*

Erster Grund zur Freude: Alle Leiden und Unannehmlichkeiten des ersten Trimesters sind (vorübergehend) vorbei. Wenn du also die letzten drei Monate ständig über der Kloschüssel hingst/dich wie auf Valium durch den Tag geschleppt hast/ den IQ (wenn auch noch nicht die Brüste) von Kim Kardashian hattest/mindestens einmal täglich aus unerfindlichen Gründen heulen musstest/dich mehr mit deinem Darm beschäftigt hast, als dir lieb ist/überall Schmerzen hattest/alle zehn Minuten Pipi musstest/böse angeguckt wurdest, wenn du in der Bahn einen Sitzplatz beansprucht oder dich an der Supermarktkasse vorgedrängelt hast … dann kannst du wieder lächeln, denn jetzt beginnt die angenehmste Phase der Schwangerschaft, in der du alle Vorteile (Aufmerksamkeit, Rücksicht, Verhätschelung …) ohne die Nachteile genießen kannst. Jetzt hast du Zeit für ungetrübte Vorfreude!

Zweiter Grund zur Freude: Deinem Baby kann (mit hoher Wahrscheinlichkeit) nichts mehr passieren, und wenn du es willst, wirst du auch bald erfahren, ob du rosa oder blaue Wandfarbe kaufen sollst.

Mensch, das sollte man doch begießen! Mit einer schönen Flasche … Heil- und Mineralwasser?

❗ UND DU SO?
Hast du schon Geburtsstationen besichtigt? Was hat dir gut gefallen, was nicht?

✢ UMSTANDSHALBER

- **Du bist gerade in Topform, nutze das aus!**

WOCHE 17

Das Kleine macht erste Ansätze, sich seiner Körperteile bewusst zu werden. Vielleicht grapscht es deshalb ständig nach seinen Händchen?
Die Ähnlichkeit mit einem süßen Baby nimmt ständig zu: Das Gesicht ist wohlproportioniert, alles ist an seinem Platz. Das ganze Menschlein ist in eine noch ganz dünne, transparente Haut gepackt. Durch Schlucken und Wiederausspucken von Fruchtwasser (bis zu einem halben Liter pro Tag!) lernt der Brustkorb das Heben und Senken – ein Reflex, der sich als nützlich erweisen wird, wenn es später einmal atmen muss.

⭐ Von Kopf bis Fuß

Größe: 16 cm
Gewicht: 135 g

UMSTANDSHALBER

- Wenn es dein zweites oder drittes (was, schon viertes?) Baby ist, spürst du es wahrscheinlich langsam. Beim ersten Baby dauert es aber noch ein wenig. Ja, total ungerecht!

✺ *Hilfe! Habe ich einen Alien im Bauch?*

Letzte Nacht bist du schweißgebadet aufgewacht, die Kehle wie zugeschnürt, der Puls bei 200, den Tränen nahe … nach einem schrecklichen Albtraum.

Oder dich quält der Gedanke an die Kippen, die du geraucht hast, als du noch nicht wusstest, dass du schwanger bist.

Oder du kannst dir nicht verzeihen, dass du letztens schwach geworden bist und ein Mal ganz kurz am Sektglas genippt hast …

Keine Panik, das ist alles normal. Du hast Angst, dass dein Kind nicht gesund sein oder Schaden nehmen könnte – wie alle schwangeren Frauen. Vielleicht sorgst du dich, was demnächst beim Feinultraschall herauskommt.

Aber sei versichert: Wenn bei den bisherigen Vorsorgeuntersuchungen alles gut war, gibt es keinen Grund, sich übermäßig Sorgen zu machen.

CHECKLISTE

⊙ Die vierte Vorsorgeuntersuchung.

⊙ Freiwillig: Triple-Test zur Bewertung bestimmter Risiken.

⊕ *Schreib hier alles auf, was du deine Frauenärztin fragen willst:*

❗ **UND DU SO?** Wie geht es dir im Moment?

WOCHE 18

Dein Baby ist fleißig mit Wachsen beschäftigt, was sich an seinem rundlicher werdenden Gesicht bemerkbar macht. Kein Wunder, hat es doch innerhalb einer Woche sein Gewicht verdoppelt.
Seine Öhrchen nehmen schon Töne wahr, auch wenn das Gehirn noch nichts damit anfangen kann. Die Augen sind nach wie vor geschlossen, aber schon lichtempfindlich. Langsam zeichnen sich Augenbrauen ab. Am ganzen Körper ist flaumiges Lanugohaar gewachsen, das vor der Geburt wieder ausfällt. In der Lunge – dem Organ, das am längsten zur Reifung braucht – entstehen Lungenbläschen, und die Spitzen der Finger und Zehen werden mit unzähligen Tastrezeptoren ausgestattet. Wenn du genau hinschaust, siehst du, dass der kleine Frechdachs sogar schon Grimassen ziehen kann!

⭐ Von Kopf bis Fuß

Größe: 17,5 cm
Gewicht: 160 g

Bettgeschichten

Das erste Trimester hat (wegen Müdigkeit und Übelkeit) nicht gerade zu sexueller Ekstase eingeladen, doch im zweiten macht ihr das alles wieder wett. Und da du jetzt wahrscheinlich eine so große Libido wie selten zuvor hast, machst du dir auch überhaupt keine Gedanken über deine zusätzlichen Kilos.

Dabei dürft ihr gern kreativ werden, denn die klassische Missionarsstellung könnte zu sehr auf den Bauch drücken. Egal, was ihr macht: Versucht, deine kleine Murmel geschickt zu umgehen. Du kannst zum Beispiel auf dem Rücken liegend die Beine angewinkelt nach oben halten und den Herrn die Arbeit machen lassen. Oder ihr versucht es mit der Löffelchenstellung. Oder aber er darf einfach mal unten liegen. Aber verzichtet bitte auf allzu halsbrecherische Aktionen!

Ansonsten gibt es ja auch noch Küsse, Streicheln, Massagen (nur nicht den Bauch!), Zungenübungen und andere Köstlichkeiten ...

Noch nicht in Stimmung? Dann lass dir gesagt sein, dass deine erhöhte Blutmenge angeblich dafür sorgt, dass sich dein Vergnügen verzehnfacht. Tatsache oder Märchen? Probier's aus!

Umstandshalber

• Du verbringst immer mehr Zeit auf der Toilette. Um deine Verdauung zu fördern und nicht zu stark drücken zu müssen (wir sagen nur »Hämorrhoiden«), solltest du viele Ballaststoffe zu dir nehmen: frisches Obst, Trockenfrüchte, Hülsenfrüchte (Linsen, Kichererbsen, aber eher keine Bohnen, wenn du Probleme mit Blähungen hast) und Vollkornprodukte (Brot, Nudeln, Reis, Müsli).

Checkliste

Du spürst Kontraktionen? Lass den Arzt überprüfen, ob der Muttermund trotzdem weiter fest verschlossen ist.

 ## Und du so?

Dein Einkaufszettel ... Nach welchen Lebensmitteln gelüstet es dich?

WOCHE 19

Die Nervenzellen deines Babys werden jetzt mit Myelin umwickelt und damit leitungsfähiger. So kann es sich gleich viel koordinierter bewegen! Wenn du Pech hast, merkst du davon allerdings immer noch nichts, egal wie lange du still auf der Couch liegst und in dich hineinspürst. Wir verstehen deine Ungeduld.

Dein Baby ist von zarten blauen Linien überzogen, weil die Haut so dünn ist, dass die Blutgefäße hindurchscheinen.

In seinem Bäuchlein passiert auch einiges: Der Blinddarm bildet sich, während der Darm sich mit Kindspech füllt, seinem zukünftigen ersten Kacki!

⭐ Von Kopf bis Fuß

Größe: 19 cm
Gewicht: 200 g

Umstandshalber

• Trinken, trinken, trinken! Aber ich muss doch so schon ständig Pipi! ... Trotzdem. Du brauchst die Flüssigkeit. Und gut für die Verdauung ist es auch.

❀ Der große Shopping-Drang

Jetzt, wo es dir wieder ganz gut geht, würdest du am liebsten die Geschäfte unsicher machen, viele schicke Umstandsoutfits kaufen und der ganzen Welt zeigen, dass du schwanger bist. Doch leider schreien Umstandsklamotten in diesem Stadium der Schwangerschaft bei 95 Prozent der Frauen eher »Da will eine ihren kleinen Wohlstandsbauch kaschieren« als »Achtung! Süßes Baby an Bord!«.

Also warte vielleicht noch ein bisschen. Übergangsweise kannst du lange Shirts tragen und darunter die Hose auflassen, etwas vom zukünftigen Papa stibitzen oder eine weite Hose mit tiefer Taille kaufen …

In der Zwischenzeit kannst du ja auskundschaften, wo es die schönsten Sachen gibt, oder rein zufällig am Stofftierregal vorbeischlendern … Besser ohne Geld in der Tasche!

No-Gos in Sachen Umstandsmode

- Weiße Leggings
- Abgetragene Riesen-T-Shirts
- Enganliegende Oberteile mit breiten Querstreifen
- Formlose weite Kleider

Herrje, ist das süß

❗ Und du so?

Worin gefällst du dir zurzeit am besten?

SCHÖN BLEIBEN – ALLEN WIDRIGKEITEN ZUM TROTZ

Das Leben ist ungerecht. Deine Cousine hat während ihrer Schwangerschaft gestrahlt wie die Morgensonne, während du mit Augenringen und plattem Haar herumläufst und höchstens vor Schweiß glänzt. Doch kein Grund zur Verzweiflung, wir kriegen das hin – oder können zumindest Schadensbegrenzung betreiben.

❋ Verwende seifenfreies Duschgel.

❋ Brause nach dem Duschen Füße und Waden kalt ab ... Ist auszuhalten? Dann weiter zu den Oberschenkeln und Pobacken!

❋ Trage zu jeder Jahreszeit Sonnencreme auf – in der Stadt mindestens LSF 20, am Meer und in den Bergen ab LSF 40, denn deine Haut ist jetzt sonnenempfindlicher, und Pigmentflecken bis hin zur sogenannten Schwangerschaftsmaske könnten entstehen.

❋ Investiere in einen aufhellenden Korrekturstift, um Augenringe, Krähenfüße und kleine Fältchen zu kaschieren, die dein Gesicht müde aussehen lassen. Wenn du Concealer nicht magst, greif zur Wimperntusche, um deine Augen zu betonen.

❋ Lass dir die Augenbrauen zupfen und bürste sie von unten nach oben, um deinen Blick zu öffnen.

❋ Trage etwas Rouge auf die Wangenknochen auf. Welche Farbe? Rosenholz ist doch hübsch.

❋ Reibe dich mit Mandelöl ein, vor allem in den stark beanspruchten Regionen: Brüste, Bauch, Hüfte, Oberschenkel ... Das funktioniert genauso gut wie Spezialcremes und ist viel günstiger – ein wichtiger Aspekt, werden doch die zu behandelnden Zonen in den nächsten Wochen immer größer!

❋ Nutze jede Gelegenheit zum Schlafen.

❋ Verwöhne deine Haut mit pflegenden Bädern, einem sanften Peeling und einer klärenden oder erfrischenden Maske. Noch besser: Lass dir von deinem Schatz eine Wellness-Behandlung für werdende Mamas schenken!

❋ Mach Yoga oder Entspannungsübungen.

❋ Und ganz wichtig: Sei nachsichtig mit dir selbst, dein Körper leistet gerade Schwerstarbeit!

Tipps für den Papa

Wahrscheinlich hast du mittlerweile begriffen, was da gerade passiert. Nein, deine Frau leidet nicht unter einem chronischen Blähbauch. Ja, dieses Wesen, das Hosenknöpfe sprengt und von innen gegen ihre Bauchdecke drückt, ist wirklich euer Baby. Und irgendwann wirst du es kennenlernen. Auf dieses große Ereignis sollte man sich frühzeitig vorbereiten.

Damit du nicht ganz hilflos bist, wenn es losgeht, lerne Folgendes am besten auswendig:

➡ Wenn deine Liebste dir zusammengekrümmt sagt, dass ihr jetzt losmüsst, dann müsst ihr wirklich los. Nicht erst einen Kaffee trinken, noch mal duschen oder die Online-Pokerpartie zu Ende spielen!

➡ Du musst zügig fahren (besonders, wenn die Klinik weiter entfernt ist), aber nicht zu schnell, vor allem nicht im Kreisverkehr. Auch bei Bremsschwellen und Schlaglöchern gehst du besser vom Gas, sie wird es dir danken.

➡ Wenn ihr in der Klinik angekommen seid und sie nicht aufstehen kann, mach keine Witze über gestrandete Wale, sondern hole schnell einen Rollstuhl und eine Pflegerin.

➡ Wenn der Krankenpflegeschüler zum fünften Mal versucht, den Zugang zu legen, schau nicht weg. Atme tief ein und feuere ihn an: »Los, Paul, du schaffst das!«

➡ Wenn der Arzt deine Liebste abhört und sie aus Blickwinkeln betrachtet, von denen du dachtest, sie seien ausschließlich dir vorbehalten, gib ihm keins auf die Nase. Bereite dich seelisch darauf vor, dass das in den nächsten Stunden auch noch viele andere tun werden.

➡ Wenn der Anästhesist deiner Frau sagt, dass es für eine PDA jetzt zu spät ist, sprich ihr Mut zu, auch wenn du am liebsten wegrennen würdest.

➡ Bleibe bei der Geburt dabei, wenn sie sich das wünscht, auch wenn du nicht mit Hand anlegen möchtest. Keine Angst, du musst nicht am Fußende sitzen, und du kannst auch zwischendurch mal einen Kaffee trinken gehen.

➡ Wenn ihre Schmerzen richtig schlimm werden (ja, das werden sie), lass sie deine Hand zerquetschen, und lächle sie dabei zärtlich an.

➡ Wenn es so weit ist und der Kopf des Babys zum Vorschein kommt, zwingt dich niemand, ganz genau hinzusehen, wenn du nicht willst. Verstecke dein Gesicht doch unauffällig am Ohr deiner Liebsten und flüstere ihr süße Worte zu.

➡ Wenn das Baby da ist, ist es dein gutes Recht, ein Tränchen zu vergießen und Klischees wie »Das ist das schönste Baby der Welt!« von dir zu geben.

➡ Und ganz wichtig: Ihr MÜSST die Plazenta NICHT mit nach Hause nehmen!

WOCHE 20

Das Baby sieht immer mehr wie ein richtiger kleiner Mensch aus: Haare und Nägel wachsen, die Haut wird dicker, in den Handflächen tauchen zarte Linien auf, die Fingerspitzen bekommen ihre einzigartigen Abdrücke. Und das Herz schlägt heftig. Obwohl die Hälfte der Schwangerschaft schon vorbei ist, ist dein kleines Wunder immer noch nicht schwerer als ein Päckchen Butter. Da kannst du dir vorstellen, in welchem Tempo es bald wachsen wird!

Auch wenn es noch so winzig ist, hat das kleine Wesen schon alle Nervenzellen, fast 14 Milliarden! (Wo es die nur alle untergebracht hat?) Die können sich jetzt fleißig vernetzen und zukünftig das Erinnern und Denken steuern.

⭐ Von Kopf bis Fuß

Größe: 20 cm
Gewicht: 240 g

UMSTANDSHALBER

- Wenn der Arzt beim Ultraschall lange schweigt, keine Panik! Er konzentriert sich nur.

Helikopterpapa

An dem Tag, als er von deiner Schwangerschaft erfuhr, hat dein Schatz im Internet sofort einen Haufen Bücher zum Thema bestellt.

Morgens hast du kaum die Augen geöffnet, da springt er schon auf, macht Frühstück und kommt schnurstracks zurück, um dir beim Anziehen zu helfen.

Im Haushalt darfst du überhaupt nichts mehr machen, nicht einmal deinen Teller bis vor den Fernseher tragen.

Er bringt dich höchstpersönlich zur Arbeit und holt dich wieder ab, damit du nicht mit den Öffentlichen fahren musst.

Er passt genau auf, was du isst, und hat auch schon all deine heimlichen Süßigkeitenverstecke gefunden und ausgeräumt.

Er kommt zu jedem Untersuchungstermin mit und blamiert dich mit seinen Fragen.

Er zeigt dich vor wie ein exotisches Tier.

Gestern Abend hat er geschimpft, als du aus dem Fitnessstudio kamst (dabei machst du schon nur noch den Yoga-Kurs für Schwangere).

Rege dich nicht über ihn auf, sondern genieße es, mal so richtig verwöhnt zu werden. Es wird nicht von Dauer sein!

CHECKLISTE

 Die fünfte Vorsorgeuntersuchung mit dem »großen Ultraschall«. (Siehe S. 68)

UND DU SO?

Wie ergeht es dir mit dem künftigen Papa?

Deine Tasche trägst du ganz bestimmt nicht selbst! Her damit!

DER ZWEITE ULTRASCHALL

Wenn keine besonderen Risiken vorliegen, sind im Rahmen der Vorsorge drei Ultraschalltermine vorgesehen. Wenn dein Frauenarzt selbst ein Gerät hat, ist er vielleicht so nett, dir dein Baby auch bei den anderen Terminen zu zeigen.
Der zweite Ultraschall, auch »großer Ultraschall« genannt, ist der zentrale, denn beim ersten war dein Baby noch winzig klein, und beim nächsten passt es gar nicht mehr im Ganzen auf den Bildschirm.

➡ Wenn du es noch nicht weißt, erfährst du bei diesem Termin, ob dein Baby ein Mädchen oder ein Junge ist – es sei denn, es zeigt stur seinen Rücken und kneift die Beine zusammen. Alles schon vorgekommen!

Wenn du dich lieber überraschen lassen willst, weise darauf hin – am besten mehrmals. Denn im beruflichen Eifer rutscht Ärzten gern einmal etwas heraus wie »Oh, der ist aber gut erkennbar!« Unter uns: Ein Venushügel ist in den seltensten Fällen gemeint.

➡ Es wird geprüft, ob alle Organe gut angelegt sind und der Darm völlig im Bauch verschwunden ist. Kopf- und Bauchumfang sowie die Länge des Oberschenkelknochens werden gemessen, um die Größe zu schätzen. Der Rücken, die Kopfform, die Geschwindigkeit des Blutflusses in der Nabelschnur und in den Blutgefäßen sowie der Zustand der Plazenta werden kontrolliert. Währenddessen schaust du dir ganz in Ruhe an, wie es strampelt, die Hand zum Mund führt, schluckt, atmet ... oder einfach schläft.

Klebe hier ein Ultraschallbild ein.

WOCHE 21

Halbzeit! Dein Bauchbewohner macht im Moment vor allem eins: schlafen. 16 bis 20 Stunden pro Tag. Dazwischen wird er immer wieder wach, und dann ist Action angesagt, bis er vor lauter Erschöpfung wieder einschläft. So ein hartes Leben! Er trinkt weiter fleißig Fruchtwasser (darin auch seine eigenen Ausscheidungen …) und trainiert damit sein Verdauungssystem. Seine Geschmacksknospen bilden sich, und der Tastsinn entwickelt sich immer weiter, während er am Daumen nuckelt, sich ins Gesicht fasst, mit der Nabelschnur spielt … Scheint Spaß zu machen!

⭐ Von Kopf bis Fuß

Größe: 21,5 cm
Gewicht: 335 g

Umstandshalber

• Du möchtest noch mal wegfahren? Such den Urlaubsort danach aus, wie fit du bist und in welcher Woche du dann sein wirst.

• WC-Radar: Da du ständig aufs Klo musst, gewöhn dir an, immer gleich nach den Toiletten Ausschau zu halten, wenn du an einen dir unbekannten Ort kommst.

Erde an Baby!

Weil Mutter Natur gütig und clever ist und genau weiß, dass du dir viel zu viele Sorgen machst, beschert sie dir als Wiedergutmachung um diese Woche das große Glück, endlich die Bewegungen deines Kindes zu spüren und mit ihm kommunizieren zu können. Also, nur zu, streichle deinen Bauch, wenn darin herumgetollt wird, sprich mit dem Kleinen und – warum nicht? – sing ihm ein Lied vor, es soll sich ja sowieso an deine zarte Stimme gewöhnen. Du musst dafür auch nicht die Top 50 rauf- und runterjodeln. Such dir ein oder zwei Schlaflieder aus, mit denen wirst du es später besonders gut beruhigen können (ja, funktioniert wirklich!).

Ansonsten gibt es auch diverse alternativ orienterte Kurse wie zum Beispiel Haptonomie, bei der die Verbundenheit zwischen Baby und Eltern gestärkt und dem Papa geholfen wird, sich als Teil des Ganzen zu fühlen, oder pränatales Singen, das harmonisch auf die Entbindung vorbereiten soll – keine Gesangserfahrung erforderlich!

UND DU SO? Die ideale Playlist, mit der du das Baby an deinen Musikgeschmack gewöhnst:

CHECKLISTE

→ Richtig atmen lernen: Auf den Boden legen, Beine anstellen, Rücken fest auf den Boden drücken. Langsam durch die Nase einatmen – Bauchdecke hebt sich –, und durch den Mund ausatmen – Bauchdecke senkt sich. Einige Male wiederholen. Übung so oft wie möglich machen.

WOCHE 22

Hab ein kleines Hüngerchen. Vielleicht ein, zwei Brathähnchen?

Ob Junge oder Mädchen, dein Baby hat jetzt zwei Brustwarzen. Bei Mädchen bildet sich das Innere der Vagina weiter aus. Die Hoden der Jungs beginnen ihren langsamen Abstieg in den Hodensack und produzieren dabei schon eine Art primitives Sperma.

Das meiste ist diese Woche aber im Kopf los: Das Gehirn wächst pausenlos und immer mehr Verknüpfungen entstehen, sodass das Baby zum Beispiel besser hören kann, was draußen vor sich geht (Gespräche, Lärm, Musik).

Die kräftiger werdende Haut ist jetzt rot und überall vom feinen Lanugohaar bedeckt. Sagen wir mal so ... wie ein Top-Model sieht es gerade nicht aus.

 Von Kopf bis Fuß

Größe: 22,5 cm
Gewicht: 385 g

UMSTANDSHALBER

- Falls deine Hände und Füße deutlich geschwollen sind, reduziere die Salzzufuhr und lass beim Arzt abklären, dass keine Erkrankung hinter den Wassereinlagerungen steckt.

Hunger!!!

Das würde das Baby dir wahrscheinlich den ganzen Tag über zurufen, wenn es könnte. Alles, was du isst, scheint der kleine Vielfraß abzugreifen. Dein Hungergefühl kommt jedes Mal so schnell zurück, als ob er nach jedem noch so üppigen Mal sofort an der Nabelschnur ziehen würde, um den nächsten Gang zu verlangen.

Das ist allerdings auch kein Wunder, schließlich brauchst du jetzt täglich fast 600 Kalorien zusätzlich! Hm, 600 Kalorien ... das ist ein großes Stück Sahnetorte ... oder vier Scheiben Brot mit Schokocreme ... oder eine halbe Tüte Chips ...

Stopp! Denk nicht darüber nach, es sei denn, du willst einen neuen Rekord in Sachen Gewichtszunahme in der Schwangerschaft aufstellen.

Um bei spontanen Hungerattacken nicht wie von Zauberhand in die nächste Bäckerei gezogen zu werden, habe immer einen Apfel oder einen anderen gesunden Snack dabei.

Und du so? Wie läuft (oder eher: tritt) es so in deinem Bauch? Was fühlst du, wenn sich das Baby bewegt?

_____
_____
_____
_____
_____

Checkliste

- Melde dich in deiner Wunschklinik oder im Geburtshaus für die Geburt an.
- Bei der Gesetzlichen Krankenversicherung Mutterschaftsgeld beantragen und das Kind anmelden.

Schreib hier auf, was du bei der Krankenversicherung erfragen willst:

WOCHE 23

Jetzt wächst fleißig, was du eines Tages in Fasson bringen wirst: Flaum auf Babys Kopf, Finger- und Fußnägel. Wie ein Yeti sieht es noch nicht aus … erst in etwa 15 Jahren. Seine Hobbys derzeit? Daumennuckeln, Daumennuckeln, Daumennuckeln. Aber statt dich zu sorgen, welches Vermögen du einmal beim Kieferorthopäden lassen wirst, freu dich, dass es schon fürs Milchtrinken trainiert!

Die Lauscher sind ununterbrochen auf Empfang. Am interessantesten sind die Geräusche, die du von dir gibst: die Melodie deiner Stimme, das Schlagen deines Herzens, das Pulsieren des Blutes in deinen Adern – aber auch die weniger eleganten wie das Gluckern in deinem Magen.

Warum sind wir nur in die 3. Etage gezogen …

⭐ **Von Kopf bis Fuß**

Größe: 24 cm
Gewicht: 440 g

Umstandshalber

- Für deine Beine bricht jetzt eine anstrengende Zeit an (Krampfadern, Kribbeln, Ödeme). Deshalb viel zu Fuß gehen und bei der Arbeit die Beine hochlegen, wenn möglich!

Wann hört das endlich auf?

Es reicht! Du hast es sowas von satt,

- mit Bus und Bahn zu fahren und zweimal täglich um einen Sitzplatz betteln zu müssen,
- Angst zu haben, dass dein Bauch in der Menschenmenge zerquetscht wird,
- dich nach 20 Treppenstufen zu fühlen wie nach einer Himalaja-Besteigung,
- dir das Gejammer deiner Chefin anzuhören, dass sie immer noch keine Vertretung für dich gefunden hat (du bist eben unersetzlich),
- nie einen Kaffee mittrinken oder mit den Kollegen zum Rauchen runtergehen zu dürfen,
- fast zu zerfließen, weil die Heizung und dein Wärmewohlbefinden nicht auf einen Nenner zu bringen sind,
- ungeduldig auf das Mittagessen zu warten, weil du schon um 11 Uhr halb verhungert bist,
- dich zwischen 14 und 16 Uhr nicht mal auf einfachste Aufgaben konzentrieren zu können,
- vor lauter Kribbeln in den Fingern nicht mehr richtig tippen zu können und
- abends mit Elefantenbeinen heimzulaufen.

Aber es ist ja bald vorbei! Nur noch ... ähm ja ... vier Monate oder so.

CHECKLISTE

Du hast noch keine Hebamme für die Nachsorge? Such dir jetzt eine.

UND DU SO?

Na, wie steht es im Moment um deine Gelüste? Schweinskopfsülze oder Sahnewindbeutel?

WOCHE 24

Die Haut des Babys hat sich geglättet. Zum Schutz bildet sich darauf eine dicke Schicht sogenannter Käseschmiere.
Unter seinen Lidern, die Ansätze von Wimpern zeigen, beginnt sich die Iris zu färben, auch wenn die tatsächliche Augenfarbe sich erst in einem Jahr zeigen wird.
Das Kleine macht jetzt regelmäßig Atembewegungen, obwohl die Lunge noch lange nicht ausgereift ist.
In dieser Woche hast du einen ganz wichtigen Meilenstein erreicht: Dank moderner Medizin und Technik könnte dein Baby ab jetzt außerhalb des Mutterleibs überleben. Aber ganz ehrlich – in deinem Bauch ist es doch viel schöner!

War das etwa eine Wehe?

⭐ Von Kopf bis Fuß

Größe: 26 cm
Gewicht: 500 g

Umstandshalber

- Beobachte dich gut und geh bei Anzeichen für eine Frühgeburt sofort zur Ärztin!

✳ *Falscher Alarm?*

Du plauschst gerade nichtsahnend mit einer Freundin am Telefon, als du plötzlich merkst, dass dein Bauch hart wird. Oh nein! Das ist doch nicht etwa eine Wehe? Jetzt schon? Bitte nicht!

Doch, vielleicht schon, aber in diesem Stadium kann das auch eine unbedenkliche Ursache haben: Deine Gebärmutter trainiert. Sogenannte Übungswehen sind schmerzlos, punktuell und hören auf, wenn man tief ein- und ausatmet oder sich ein Buch schnappt, um auf andere Gedanken zu kommen.

Wenn die Wehen jedoch stärker und schmerzhaft werden, solltest du bei der Ärztin anrufen, denn dann will dein Baby vielleicht wirklich vorzeitig Frischluft schnuppern. Bis du dich auf den Weg in die Praxis machst, lege dich hin und lass die Hände vom Bauch – Streicheln kann Wehen noch verstärken.

❗ **UND DU SO?** Hast du auch Übungswehen? Was tust du, um dich abzulenken?

_____

_____

_____

_____

_____

_____

CHECKLISTE

↪ **Die sechste Vorsorgeuntersuchung.**

✚ *Schreib hier alles auf, was du deinen Frauenarzt fragen willst:*

DIE QUAL DER VORNAMENSWAHL

In den ersten Wochen hast du dich wahrscheinlich noch zusammengerissen, aber jetzt, wo alles gut aussieht, erscheint dir eines wichtiger als alles andere: der Name! Was einst sonnenklar war (Wenn ich mal ein Kind habe, nenne ich sie Sophie!) ist jetzt gar nicht mehr so sicher … Vor allem, wenn es ein Junge wird!

➡ Die wenigen Male, bei denen du das Thema bislang beim zukünftigen Papa ansprechen wolltest, hat er dich ganz verständnislos angesehen. Kein Wunder, er ist ein Mann! Er käme ja auch nie auf die Idee, einen Urlaub sechs Monate im Voraus zu planen. Wozu auch? Kann man doch alles noch kurz vorher erledigen.

Geh die Angelegenheit deshalb sachte an. Bitte ihn, sich in nächster Zeit alle Namen zu notieren, die ihm in den Sinn kommen.

Sobald jeder von euch fünf Vornamen hat, vergleicht eure Listen. Es ist eher unwahrscheinlich, dass ihr einen gemeinsamen Treffer habt, aber zumindest wisst ihr dann schon mal grob, in welche Richtung es gehen könnte – Helden der Mythologie, Klassiker, amerikanische Schauspieler – oder was überhaupt nicht infrage kommt.

➡ Prüft den Vornamen in Kombination mit dem Nachnamen (man denke nur an Claire Grube), und zwar auch andersherum (»Herr Voll, Horst, bitte vortreten!«).

➡ Vergesst nicht, dass dieses kleine Wesen, das dir gerade gegen die Bauchwand boxt, eines Tages in das Alter kommen wird, indem es versuchen möchte, seinen Vornamen zu schreiben. Ihr erspart ihm großen Frust, wenn ihr allzu lange Namen mit komplizierter Schreibung vermeidet.

➡ Nehmt Abstand von allzu fantasievollen oder ungewöhnlich geschriebenen Namen, die sich niemand merken kann.

➡ Vergesst auch nicht, dass euer kleines Baby irgendwann erwachsen und vielleicht Chefin der ganzen Galaxis wird. Dann kann sie keinen Namen gebrauchen, der ihre Autorität untergräbt. Nennt sie also vielleicht nicht unbedingt Dolly oder Minnie – Ernestine muss es aber auch nicht gleich sein!

➡ Eifert in eurer Namenswahl bitte nicht gewissen Promis nach, die ihre Kinder Bluebell Madonna, Sparrow James Midnight oder Sage Moonblood nennen. (Der Hauptpreis geht diesbezüglich an den Bassisten von Fall Out Boy, dessen Sohn Bronx Mowgli Wentz heißt, kurz BMW …)

➡ Und überlegt immer, ob der Name negative Assoziationen hervorrufen könnte (Harvey, Donald und Konsorten).

	Deine Lieblingsnamen	Seine Lieblingsnamen
MÄDCHEN		
JUNGE		

Nach reiflicher Überlegung ...

Wird es ein Mädchen, heißt es	Wird es ein Junge, heißt er

WOCHE 25

Diese zwei Begriffe dürften dir inzwischen geläufig sein: Käseschmiere und Lanugohaar. Erstere bildet eine immer dickere Schicht aus, Letzteres wird kräftiger. Beide schützen sie den kleinen Schatz im Fruchtwasserbad. Aber keine Sorge, du wirst kein Plüschtier auf die Welt bringen, und das weiße Zeug, das die Haut deines Babys so wunderbar pflegt, zieht bis zur Geburt fast vollständig ein.

Im Gehirn des knapp sechs Monate alten prächtigen Fötus gehen die Verkabelungsarbeiten unermüdlich weiter. Damit dein Baby auf Fotos bald hinreißend lächeln kann, bringen sich die Zähne im Zahnfleisch in Stellung.

Und der Zwerg kostet noch einmal die Bewegungsfreiheit in deinem Bauch aus, denn bald wird es damit vorbei sein! Inzwischen merkst du sicherlich, wie er in dir herumturnt. Besonders, wenn du gerade schlafen willst – wäre ja sonst auch nur halb so lustig. Er bringt es auf 20 bis 60 Bewegungen pro halbe Stunde!

 Von Kopf bis Fuß

Größe: 28 cm
Gewicht: 560 g

Plan B für Fashionistas

Jetzt ist es endlich soweit! Du weißt, dass alles in Ordnung ist, und die Größe deines Bauches lässt auch keinen Zweifel mehr an deinem Zustand. Also, auf zum Umstandsshopping! In Spezialgeschäften fällst du wahrscheinlich erst einmal in Ohnmacht: Was, 80 Euro für ein Shirt, das ich nur vier Monate tragen werde? Wie, 150 für dieses Ding? Das soll 120 Euro kosten? Schon eine bescheidene Grundausstattung kann dich leicht in den Ruin treiben.

Glücklicherweise gibt es einen Plan B – ja, sogar mehrere Pläne B. Steuere statt spezieller Umstandsmodeläden lieber die großen Ketten an, die eine gute Auswahl an modernen, nicht zu teuren Teilen haben (C&A, H&M usw.). Wenn du auf Vintage stehst, schlendere über Flohmärkte oder frage im Familien- und Freundeskreis nach. Im Internet kannst du auf Plattformen wie eBay oder Mamikreisel nach gut erhaltenen Stücken stöbern.

Immer ein guter Spartipp: Setze auf schlichte, einfarbige Beinkleider, dann kannst du dich bei den Oberteilen farblich so richtig austoben (natürlich mit sensationellem Ausschnitt – wann, wenn nicht jetzt!).

CHECKLISTE

↪ Fang an, deinen Beckenboden zu stärken. Das erleichtert die Entbindung – und kommt dir auch beim Schäferstündchen mit deinem Schatz zugute. Die Übung ist ganz einfach: Stell dir vor, du machst Pipi und möchtest den Strahl anhalten. Dann wieder loslassen. Und wieder anspannen. Zehn Wiederholungen. Verstanden? Das kannst du immer und überall machen (aber bitte nicht hinter dem Steuer!).

UND DU SO?

Wie bringst du deinen Bauch am liebsten zur Geltung?

UMSTANDSHALBER

• Sprich mit deinem Schatz über das heikle Thema Vornamenswahl. (Siehe S. 78) Wenn er Aragorn, Pikachu, Tesla, Kunigunde oder Chip und Chap (für Zwillinge) vorschlägt, verlass ihn auf der Stelle. Nein, nur ein Scherz!

WOCHE 26

In dieser Woche haben es die Fingernägel geschafft, die Fingerspitzen so gut wie komplett zu bedecken. Das Baby reagiert auf Berührung und besonders auch auf Töne – es zuckt regelrecht zusammen, wenn es ein lautes Geräusch hört (Topfschlagen muss noch nicht sein). Es kann sogar Gespräche von Lärm unterscheiden, und das Allerbeste: Den Klang deiner Stimme kennt es ganz genau. Streichle deinen Bauch ruhig, wenn der Zwerg sich von innen dagegen drückt, sprich mit ihm oder sing ihm ein Lied vor ... besser vielleicht in den eigenen vier Wänden, wenn du keine schrägen Blicke ernten möchtest.

Alles dreht sich.

⭐ Von Kopf bis Fuß

Größe: 30 cm
Gewicht: 650 g

UMSTANDSHALBER

• Drück mit der Zahnbürste nicht zu sehr auf, um Zahnfleischbluten zu verhindern.

• Wenn du Rückenschmerzen hast, kippe dein Becken so oft wie möglich nach vorn, um den Rücken zu entlasten. Außerdem: Motte deine Stilettos ein. Es lebe der Turnschuh!

✱ Noch ein paar Beschwerden gefällig?

Hach ja, Schwangerschaft. Welch wunderbare Erfahrung! Welch Freude!

Ja, wenn nur der Organismus nicht so darunter leiden müsste: Schilddrüse durcheinander, Blutgefäße kurz vorm Bersten, Rippen gequetscht, Zwerchfell nach oben gedrückt, Darm beiseitegeschubst, Organe verschoben, Beine geschwollen, Hormone voll aufgedreht, Blutdruck im Keller ... Das hinterlässt Spuren.

Machen wir es am besten kurz und schmerzlos. Sei nicht überrascht, wenn du in den nächsten Wochen

- wie verrückt schwitzt (die Schilddrüse ist schuld),
- Zahnfleisch- oder Nasenbluten, Hämorrhoiden, Krampfadern, Besenreiser oder schwere Beine bekommst oder ein Kribbeln in den Gliedmaßen spürst (liegt am gesteigerten Blutvolumen),
- schnaufst wie eine Kettenraucherin,
- Schwindelgefühle, Unwohlsein oder Schwächeanfälle erlebst,
- Sodbrennen bekommst (danke, liebes Progesteron),
- alle halbe Stunde pinkeln musst (wobei das nichts Neues ist),
- schlecht schläfst,
- Krämpfe und Cellulite bekommst, überall neue Haare wachsen, dein Bauchnabel herausploppt, die Brustwarzen tröpfeln ...

❗ UND DU SO?

Was hilft dir, dich besser zu fühlen?

WOCHE 27

Immer mehr Synapsen verbinden die Nervenzellen miteinander, so entsteht ein riesiges Netzwerk, das vom Gehirn fachmännisch gesteuert wird. Das äußert sich in noch mehr Action in deinem Bauch!
Das Gesicht deines Babys ist jetzt komplett fertig und die Haut wird immer kräftiger. Kurz: Es wird richtig hübsch … und intelligent. Wie seine Mama!
Deine Gebärmutter ist jetzt in etwa so groß wie ein Fußball. Kein Wunder, dass du dich nur noch schlecht herunterbeugen kannst und es dir noch schwerer fällt, dich wieder aufzurichten!

⭐ Von Kopf bis Fuß

Größe: 32 cm
Gewicht: 750 g

UMSTANDSHALBER

- Du wirst jetzt besonders schnell müde. Vergiss nicht, regelmäßig auszuruhen!

✳ *Große Anschaffungen stehen bevor*

Vor dem Eingang bleibst du kurz stehen, um tief durchzuatmen. Dann setzt du mit klopfendem Herzen einen vorsichtigen Schritt in das Geschäft. Es ist riesig. Regale über Regale. Eine unüberschaubare Auswahl an allem erdenklichen Zubehör: Kinderwagen, Spielzeug, Plüschtiere, meterweise Fläschchen, Geschirr, Babywiegen, Bettchen ... Hilfe!

Die Verkäuferin, die den unbedarften Neuling 30 Meter gegen den Wind riecht, heftet sich sofort an deine Fersen und rattert Fachbegriffe und technische Details herunter, während du dir doch einfach nur Kinderwagen anschauen wolltest.

Du ahnst es: Das wird komplizierter, als du dir vorgestellt hast. Warte ab, bis du erst die Rechnung siehst, das wird schmerzhaft. Jetzt stopfst du deine EC-Karte erst einmal tief in die Handtasche und machst dir ausführliche Notizen, um zu Hause noch einmal in Ruhe zu überlegen. (Siehe auch S. 126) Frage andere Eltern um Rat und schaue dich nach weniger kostspieligen Lösungen um: gebrauchte Modelle von Freunden, Secondhand-Geschäfte, ebay Kleinanzeigen, Mamikreisel usw.

Aber wo du schon einmal im Laden bist, sammle doch gleich Ideen für eine Babywunschliste, von der sich alle Geschenkewilligen etwas aussuchen können (damit du am Ende nicht mit 47 Erstlingsbodys, aber ohne Babyfon dasitzt!).

❗ **UND DU SO?** Erste Ideen für deine Wunschliste?

CHECKLISTE

➡ Die siebte Vorsorgeuntersuchung steht an.

➡ Zuckerbelastungstest (Test auf Schwangerschaftsdiabetes)

✚ *Schreib hier alles auf, was du deine Frauenärztin fragen willst:*

WOCHE 28

Trotz Lanugoflaum und Käseschmiere ist die Haut deines Babys noch so dünn, dass die Blutgefäße hindurchscheinen, weshalb es weiterhin rot aussieht. Bis zum perfekten Teint dauert es noch etwas, aber das wird!
Im Übrigen setzt es langsam etwas Speck an. Die Knochensubstanz seiner zukünftigen Zähne wird mit Zahnschmelz bedeckt. Bitte lächeln! Ansonsten passiert nicht viel. Außer dass der Zwerg fleißig Pipi macht, und da er noch keine Windel trägt, geht das direkt in das Fruchtwasser, das er kurz darauf mit Gusto trinkt. Dient aber alles einem guten Zweck: Er tut's, damit sich die Lungenbläschen bilden und nicht zusammenkleben. Clever!

Is' nich ganz so meins.

⭐ Von Kopf bis Fuß

Größe: 33 cm
Gewicht: 870 g

✳ Gymnastik, Duftlampen oder klassisch?

Inzwischen hat sicherlich dein Geburtsvorbereitungskurs begonnen. Die gibt es ja in unterschiedlichster Ausprägung:

- Traditionelle Kurse, aber ohne das berüchtigte Hecheln, das nachweislich gar nichts nützt,
- alternative mit Yoga und Entspannung,
- konzeptuelle: im Wasser, in einem »Naturzimmer« mit einem großen Bett und holzgetäfelten Wänden, mit Gesang ...

Alle erfüllen ihren Zweck: dich bestmöglich auf den bevorstehenden kräftezehrenden Akt vorzubereiten.

Neben medizinisch-fachlichen Erläuterungen (aber ja, die sind nötig!) wirst du unzählige Anweisungen bekommen: Lege dich so hin, mach so, atme so ein, atme so aus. Wichtiger Rat: Mach dir keinen Kopf, im Eifer des Gefechts wirst du sowieso (fast) alles vergessen haben (»Holen Sie das sofort aus mir raaaaaaaaus!«). Doch diese Kurse haben den Effekt, dass du danach ein bisschen entspannter und weniger ängstlich bist als die, die die Geburtsvorbereitung geschwänzt haben.

> **UND DU SO?** Was für einen Kurs besuchst du? Hast du dort schon etwas erfahren, was völlig neu für dich war?

UMSTANDSHALBER

- Denke bei Rückenschmerzen daran, das Becken nach vorn zu kippen. Ein Kissen unter bzw. zwischen den Knien hilft beim Schlafen.

- Schütze dich im Sommer besonders gut vor der Sonne: Creme mit hohem LSF, Hut und Sonnenbrille – damit du neben allem anderen nicht auch noch eine Schwangerschaftsmaske bekommst. Angst vor Vitamin-D-Mangel? Iss fetten Fisch und Milchprodukte. (Siehe S. 32)

- Wenn du es bis jetzt geschafft hast, brav 1 Kilo pro Monat zuzunehmen, musst du dich jetzt umstellen. Theoretisch sollst du ab jetzt jede Woche (!) 350 bis 400 Gramm mehr auf die Waage bringen.

- Wenn du auf einen Geburtsvorbereitungskurs verzichten möchtest, besichtige zumindest die Geburtsstation.

STILLEN JA ODER NEIN?

Jetzt, wo du so eine wunderschöne Murmel vor dir herträgst, wirst du reichlich indiskrete Bemerkungen und Fragen zu hören bekommen, zum Beispiel zum Thema Stillen. Die Frage ist durchaus berechtigt, aber mit der Fleschereifachverkäuferin musst du sie nun wirklich nicht diskutieren.

Stillen ist ein heikles Thema. Selbst unter Freundinnen tun sich Gräben auf, kaum dass man es anspricht. Manche haben es geliebt, manche gehasst, manche es gar nicht erst versucht (buh!), und vor allem halten viele die eigene Überzeugung für das einzig Richtige.

Es lohnt sich auf jeden Fall, frühzeitig darüber nachzudenken, denn egal, wie deine Entscheidung ausfällt, sie muss erst reifen ... Wenn du die Möglichkeit und Lust dazu hast, kannst du auch an einem Stillvorbereitungskurs teilnehmen.

Ja, das gibt es tatsächlich. Dort erhältst du jede Menge Tipps, damit das Stillen gut klappt (Anlegen des Babys, die richtige Trinkmenge, Hilfsmittel und Tipps zur Vermeidung von Schmerzen usw.). Vor allem nimmst du daraus jede Menge Stoff zum Nachdenken mit, denn beim Stillen ist gar nichts garantiert. Es kann wunderschön sein, aber auch eine gehörige Plackerei, und in welche Kategorie man fällt, weiß man erst, wenn man es probiert hat. Das ist das Schwierige an dieser Entscheidung: Du kannst nicht in die Zukunft sehen.

➡ Als kleine Hilfe beim Nachdenken haben wir dir hier Vor- und Nachteile aufgelistet. Die leeren Zeilen kannst du gern selbst füllen!

Vorteile

BRUST
- *Muttermilch ist jederzeit verfügbar.*
- *Sie ist kostenlos.*
- *Sorgt für ein geniales Dekolleté.*
- *Fördert die Bindung zwischen Mutter und Kind.*
- *Muttermilch ist besser verdaulich als künstliche.*
- *Schützt das Baby vor Krankheiten (mit mütterlichen Antikörpern).*
- *Muttermilch ist immer perfekt temperiert.*
- *Das Baby gewöhnt sich an unterschiedliche Geschmäcker.*

FLASCHE
- *Papa kann beim Füttern helfen (besonders nachts!!).*
- *Du siehst, wie viel das Baby trinkt.*
- *Du kannst das Baby besser abgeben und allein unterwegs sein.*
- *Erleichtert den Übergang vom Stillen nach Bedarf zu vier Mahlzeiten pro Tag.*
- *Du hast schneller wieder Lust ...*

Nachteile

- Der Einstieg kann schwierig und schmerzhaft sein.
- Wegen der kurzen Stillabstände in der Anfangszeit wirst du ständig müde sein.
- Hände weg vom Dekolleté, lieber Papa!
- Du musst weiterhin auf eine mustergültige Lebensführung achten.
- Du weißt nicht, wie viel das Baby trinkt.

- Teuer (rund 800 Euro für ein Jahr!).
- Aufwendig: Sterilisieren, anrühren, erhitzen ...
- Du musst mehrere Flaschen und einiges an Zubehör kaufen.

➡ So richtig viel weiter bist du in deiner Entscheidung jetzt nicht, oder? Ja, es ist nicht einfach. Deshalb ist es wichtig, weit im Voraus anzufangen, darüber nachzudenken ... wenn möglich zusammen mit deinem Schatz, den geht das auch etwas an.

Wenn du jedoch schon ganz sicher bist, dass du nicht stillen möchtest (auch wenn es dein erstes Baby ist), bleib standhaft. Lass dich nicht verunsichern, einschüchtern oder dir Schuldgefühle einreden. Es geht keinen etwas an, basta. Es gibt auch keinen Grund, sich zu schämen. Die Welt ist voller wunderbarer, absolut gesunder Kinder, die nur mit der Flasche gefüttert wurden.

Zum Schluss ein treffender Kommentar von einer Freundin (die ihre wundervollen Töchter gestillt hat): »Wenn man Lust hat zu stillen, stellt sich die Frage gar nicht. Man spürt einfach, dass man es will. Wenn du aber hin- und herüberlegst, dann ist es vielleicht nicht dein Ding.«

WOCHE 29

Ein weiterer Meilenstein ist erreicht: Wenn es dein Baby jetzt sehr eilig hätte, dich kennenzulernen, überlebt es mit hoher Wahrscheinlichkeit – auch wenn es noch eine Weile im Brutkasten verbringen müsste.
Die Nervenzellen werden weiter fleißig mit Myelin umhüllt, damit die Reizweiterleitung im Nervensystem immer besser funktioniert. Und das hört noch lange nicht auf – insgesamt dauert es etwa 20 Jahre!

Wenn mir noch einer an den Bauch fasst!!!

⭐ Von Kopf bis Fuß

Größe: 34 cm
Gewicht: 1 kg

UMSTANDSHALBER

• Sport machst du am besten nur noch im Wasser, um keine Frühgeburt zu riskieren. Entspannungskurse sind auch gut!

• Nutze zum Schlafen alle Hilfsmittel, die du in die Finger bekommst: Ohrstöpsel, Schlafmaske, Stillkissen zum Abstützen des Bauchs ... Wenn du nachts schlecht schläfst, lege tagsüber ein Nickerchen ein!

✳ *Die Faszination des Kugelbauchs*

Kaum zu glauben, dass du noch vor ein paar Wochen herbeigesehnt hast, dass man es »endlich sieht«. Dass niemand sich mehr scheut, dich auf deine Schwangerschaft anzusprechen, aus Angst, du könntest vielleicht doch einfach nur dick geworden sein. Dass man dir im Bus mit einem wissenden Lächeln einen Sitzplatz anbietet ... Mit einem Wort: zum Club dazuzugehören.

Jetzt hast du es geschafft ... Und jetzt stellt man dir so unangemessene Fragen wie: »Na sag mal, wie viele sind da drin?« oder »Bei welcher Körbchengröße bist du jetzt?« Und statt in die Augen schauen dir alle nur noch auf den Bauch. Oder noch schlimmer: Sie tatschen ihn an, ohne dich zu fragen. Tja, meine Liebe, das Leben als Göttin der Fruchtbarkeit ist kein Zuckerschlecken!

Wenn du nicht alle naselang begrapscht werden willst, sag es ganz deutlich, trag ein T-Shirt mit der Aufschrift »Nicht anfassen!« und setz einen Blick à la Kill Bill auf.

Oder knurre und fletsche die Zähne!

> **UND DU SO?** Welche Ansage funktioniert deiner Erfahrung nach am besten, um unerwünschte Griffel abzuwehren?

CHECKLISTE

↪ Beschäftigt euch langsam mit Elterngeld und Elternzeit. Die Formulare bekommt ihr beim Jugendamt oder im Internet.

WOCHE 30

Unter der Haut bildet sich zunehmend Fett, wodurch dein Baby langsam richtig knuddelig wird. Um noch hübscher zu werden, verliert es ab dieser Woche sein Lanugohaar wieder. Doch die meiste Arbeit leistet wie immer das Gehirn, das weiter wächst und dadurch die Schädelknochen auseinanderdrückt. Keine Panik, das ist so gedacht! Der Zwerg kontrolliert inzwischen seine Atmung, die nun regelmäßiger wird, sowie seine Körpertemperatur. Mit Ausreifung des Großhirns kann er Gefühle empfinden und Erinnerungen speichern – deshalb beruhigen sich Neugeborene besonders gut, wenn man ihnen etwas vorsingt, das sie in der Schwangerschaft gehört haben. Na dann, ran ans Mikro!

⭐ Von Kopf bis Fuß

Größe: 35 cm
Gewicht: 1,15 kg

UMSTANDSHALBER

- Geh möglichst nicht mehr auf Reisen (es sei denn, du spekulierst auf einen lebenslangen Freifahrtschein für dein Kind, den es vielleicht bekommt, wenn du im Zug entbindest).

Wer ist dieser Mann?

Du erkennst ihn einfach nicht wieder. Der Typ, der dich jahrelang um einen Erben angefleht hat, scheint sich für deine Schwangerschaft gar nicht zu interessieren, streichelt höchstens mal beiläufig über deinen Bauch, wenn er sich verpflichtet fühlt. Schlimmer noch, er ist angespannt, reizbar ... manchmal sogar unausstehlich, wenn er überhaupt da ist – denn die meiste Zeit verbringt er bei der Arbeit.

Was geht nur in seinem Kopf vor? Tja, er hat Angst, auch wenn ihm das selbst vielleicht gar nicht bewusst ist. Davor,

- dass das Baby nicht gesund sein könnte,
- dich in den Kreißsaal zu begleiten (Texas Chainsaw Massacre in seiner Vorstellung),
- die gleichen Fehler zu machen wie sein Vater,
- dass du die Kilos behältst,
- dass du nie wieder mit ihm schläfst,
- dass du in Zukunft nur noch Mama bist oder
- dass der kleine Zwerg euch arm macht.

Wenn er sich jedem Gesprächsversuch verschließt, bitte einen seiner Freunde, mit ihm zu reden, und kauf ihm einen witzigen Papa-Ratgeber, der die ganze Sache entdramatisiert. Vielleicht will er auch mal »Angst vor dem Vaterwerden« googeln, dann sieht er, dass er damit nicht allein ist.

Ansonsten: Hab Geduld mit ihm, das geht vorbei!

CHECKLISTE

Ihr seid nicht verheiratet? Dann müsst ihr beim Jugendamt, Standesamt oder Notar einen Termin zur Vaterschaftsanerkennung und Sorgerechtserklärung machen. Dabei wird auch der Nachname des Kindes festgelegt. (Wäre günstig, wenn ihr euch bis dahin einig geworden seid!)

Schreib hier auf, welche rechtlichen Fragen ihr noch habt:

WOCHE 31

Ich wiege mich nicht mehr!

Für dein Baby wird es im Bauch immer enger. Schluss mit Trampolinspringen an der Gebärmutterwand! Es macht sich »nur noch« mit ein paar ordentlichen Tritten bemerkbar. Und manchmal hat es Schluckauf, was sich sehr witzig anfühlt!
Die Augenlider sind jetzt mit Wimpern geschmückt und geben, wenn sie sich öffnen, den Blick auf dunkelblaue Augen frei. Auch der Geschmackssinn ist jetzt aktiv, das Baby kann problemlos Sauerkraut von Milchschokolade unterscheiden (na ja, fast). Alle Organe funktionieren, mit Ausnahme der Lunge und des Darms, die noch nicht ganz fertig sind.

⭐ Von Kopf bis Fuß

Größe: 36 cm
Gewicht: 1,3 kg

Umstandshalber

- Kleine Erinnerung, denn jetzt ist es wichtiger als je zuvor: Wasche Obst und Gemüse gründlich, gare Fleisch gut durch, verzichte auf Rohmilchkäse und Meeresfrüchte. Wenn du keinen positiven Toxoplasmose-Test vorweisen kannst, berühre keine Katzen und Hunde.

»Meine Güte, du bist ja eine wandelnde Tonne.«

Wie du sicherlich schon gemerkt hast, bist du jetzt in einer recht beschwerlichen Phase der Schwangerschaft angekommen. Das Gleichgewicht zu halten, ist schwierig geworden. Du nimmst schon zu, wenn du eine Packung Kekse nur anschaust. Nichts, was du anziehst, ist wirklich bequem. Obwohl du immer so fleißig gecremt hast, hat die Haut an deinem Bauch resigniert (schön euch kennenzulernen, liebe Dehnungsstreifen). Nichts ist mehr einfach: Waschmaschine beladen, Treppensteigen, Brot kaufen … Und statt in Verzückung zu geraten, reagieren deine Mitmenschen mitleidig oder gar erschrocken und feuern einen blöden Kommentar nach dem anderen ab: »Wow, das ist ja ein Riesenbauch!«, »Bist du schon drüber?«, »Wie kommst du damit überhaupt noch vorwärts?«, »Du musst mal aufpassen, was du isst!«

Dabei willst du einfach nur in Ruhe gelassen werden!

CHECKLISTE

- Die achte Vorsorgeuntersuchung, jetzt immer mit CTG.
- Dritter Ultraschall! (Siehe S. 102)

Schreib hier alles auf, was du beim Ultraschall fragen willst:

UND DU SO? To-do-Liste für den bevorstehenden Mutterschaftsurlaub:

WOCHE 32

In diesem Stadium haben die Mädchen bereits ein komplett fertiges Fortpflanzungssystem mit Millionen erstklassiger Eizellen. Was tut man nicht alles für die Arterhaltung ... Bei den Jungs setzen die Hoden den langen Weg zum Skrotum fort.

Dein Baby hat jetzt so viel zugenommen, dass es die ganze Gebärmutter ausfüllt. Aber nicht dass du denkst, es würde deshalb aufhören zu wachsen. Beunruhigender Gedanke? Durchaus.

Da es sich sonst kaum noch bewegen kann, beschäftigt sich das kleine Menschlein intensiv mit Daumennuckeln. Wenn es brav ist, liegt es jetzt mit dem Kopf nach unten in Startposition, bereit für seinen großen Auftritt.

Ich treff mich mit den Jungs!

⭐ Von Kopf bis Fuß

Größe: 37 cm
Gewicht: 1,5 kg

UMSTANDSHALBER

- Scanne die Ultraschallbilder zur Aufbewahrung ein, sie bleichen mit der Zeit aus.

Die Anspannung steigt …

Das Thema »Vorname« liegt noch immer auf Eis, mit Poseidon auf der einen Seite (Wo hat er das nur her?) und Karl-Gustav auf der anderen (Wieso will sie unseren Sohn nach einem alten Mann nennen?).

Und dann will dein Schatz auch immer noch keinen Fuß in den Kreißsaal setzen.

Und dann macht er ständig »witzige« Bemerkungen über dein Gewicht, obwohl er selbst ganz ordentlich Speck angesetzt hat (das gute Couvade-Syndrom).

Und dann wird dir angst und bange, wenn du an all die Arbeit und Erschöpfung denkst, die euch bevorsteht, aber du wagst noch nicht, die Aufgabenverteilung anzusprechen …

Und wie unreif er sich verhält! Trifft sich bei jeder Gelegenheit mit seinen Kumpels, verbringt die Wochenenden vor der Spielkonsole, ruft dreimal täglich seine Mutter an, isst mit den Fingern, kann nur Pizza bestellen …

Sieht so ein zukünftiger Vater aus? Er ist doch selbst noch ein Kind! Mit einer Wampe. Es ist zum Fürchten!

Immer mit der Ruhe, Liebes. Ihr seid auf der Zielgeraden. Wenn das Baby einmal da ist, wird er plötzlich erwachsen, du wirst sehen!

UND DU SO?
Wie stellst du dir die Entbindung vor?

CHECKLISTE

Ab jetzt gehst du alle 14 Tage zur Vorsorge.

 Schreib hier alles auf, was du deinen Frauenarzt fragen willst:

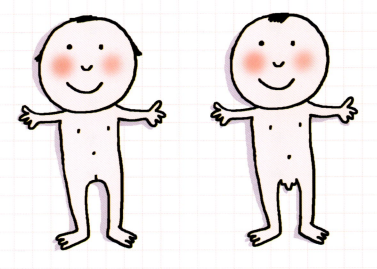

Der dritte Ultraschall

Theoretisch siehst du dein Baby jetzt zum letzten Mal auf dem Bildschirm – das nächste Mal dann von Angesicht zu Angesicht! Aber ach, es passt ja schon gar nicht mehr im Ganzen auf den Monitor. War es nicht gerade noch ein kleines Böhnchen?

Jetzt hast du auch das letzte Mal vor der Geburt die Chance, das Geschlecht zu erfahren, sollte sich der Nachwuchs beim letzten Mal geziert haben. Es kann aber durchaus sein, dass der Arzt auch dieses Mal das fragliche Körperteil nicht genau sehen kann. In dem Fall werdet ihr euch wohl doch überraschen lassen müssen. Aber es gibt ja auch wunderschöne Babysachen in Grün, Gelb und Orange ...

Während du mit zusammengekniffenen Augen versuchst, zwischen den Beinen des kleinen Zwergs etwas zu erkennen, prüft der Arzt, ob der Muttermund geschlossen ist, die Plazenta und die Nabelschnur richtig liegen, der Kopf nach unten zeigt ... alles das ist wichtig für die Entbindung.

Nach Messungen und mit komplizierten Berechnungen wird das Gewicht geschätzt. Keine Panik, wenn es heißt, dass du ein schweres Baby bekommst – das Ganze ist nur ein Überschlag. Viele, denen ein kleiner Sumoringer angekündigt wurde, haben dann doch ein ganz vernünftig proportioniertes Baby bekommen. Aber zumindest hast du einen groben Anhaltspunkt, welche Kleidergröße für die erste Wäschegarnitur infrage kommen könnte. (Bei normal großen Babys nichts unter 56!)

Das war es schon. Dein Baby siehst du wahrscheinlich erst wieder, wenn es dir in ein paar Wochen auf die Brust gelegt wird.

Klebe hier ein Ultraschallbild ein.

Wer betreut das Baby?

Meine Güte, so ein Druck! Du hast noch nicht einmal entbunden, da sollst du schon darüber nachdenken, wohin du deinen Sprössling geben willst, wenn du wieder arbeitest. Ja, ein bisschen Zeit ist noch. Aber nicht viel!

Dieser Elefantenhintern muss aber nicht bleiben ...

Tatsächlich ist es klug, sich noch während der Schwangerschaft zu entscheiden, denn in manchen Einrichtungen solltest du das Baby noch vor der Geburt anmelden!

Dir stehen in der Hauptsache drei Optionen zur Auswahl: Tagesmutter/-vater, Kindertagesstätte (Kita) oder die Großeltern. Alle haben ihre Vor- und Nachteile. Dir fallen bestimmt noch mehr ein ...

Vorteile

TAGESMUTTER/-VATER
- Die Sympathischen nehmen das Kind auch mit leichter Erkältung an.
- Die Supercoolen haben flexible Zeiten und richten sich nach den Eltern.
- Sie können Rücksicht auf individuelle Bedürfnisse nehmen.
- Sie haben nur wenige Kinder in Obhut und können diese intensiver betreuen.
- Weniger Kinder = weniger Ansteckungsrisiko.
- Sie sind eine feste Bezugsperson für das Kind.
- Die Eltern haben nur einen Ansprechpartner.

KITA
- Oft günstiger als Tagespflege.
- Gut ausgestattete Räumlichkeiten, aber ... (siehe rechts)
- Erzieher sind gut ausgebildet und nicht allein.
- Zahlreiche Aktivitäten, die du zu Hause kaum anbieten kannst.
- Das Kind lernt das Leben in der Gemeinschaft.

GROSSELTERN
- Du kennst sie bestens.
- Sie haben keine festen Öffnungszeiten.
- Du vertraust ihnen völlig.
- Sie sind nicht teuer.

Nachteile

- Es ist schwierig, einer fremden Person zu vertrauen.
- Dort ist das Baby superlieb, geduldig und isst alles, was auf den Tisch kommt ...
- Du teilst die Liebe deines Kindes mit jemandem außerhalb der Familie.
- Kann teurer sein als die Kita.
- Manchmal entstehen im Laufe der Zeit persönliche Differenzen.
- Vielleicht habt ihr unterschiedliche Vorstellungen von kultureller Bildung.
- Wenn die Person krank wird oder euch plötzlich kündigt, habt ihr unter Umständen ein Problem.

- Große Gruppen = große Umstellung nach der Einzelbetreuung durch Mama.
- Strengere Regeln im Krankheitsfall.
- Irgendein Kind ist trotzdem immer ansteckend!
- Sehr anstrengend für ganz kleine Kinder.
- Starre Öffnungszeiten.

- Mischen sich vielleicht in die Erziehung ein.
- Kritische Kommentare drohen.
- Generationenkonflikt: »Mama, das sieht man heute anders!«

Nicht so einfach, oder? Die Entscheidung kann euch niemand abnehmen, wobei ihr je nach Verfügbarkeit des Betreuungsangebots in eurer Gegend vielleicht gar keine freie Wahl habt. Wenn es Großeltern gibt, die selbst nicht mehr arbeiten, habt ihr schon einmal einen Riesenvorteil. Regelt auf jeden Fall alles so bald wie möglich, um nicht gegen Ende der Elternzeit in Panik zu geraten.

➔ Die Alternative: ganz zu Hause bleiben. Manchen Frauen – und auch Männern – fällt es (teils wider Erwarten) schwer, ihr Kind in eine Einrichtung zu geben, und es ist auch nichts Ehrenrühriges daran, die Karriere eine Weile hintanzustellen, um die ersten Jahre in vollen Zügen zu genießen und nichts von der Entwicklung des Kindes zu verpassen.

Informiert euch zum Beispiel beim Jugendamt oder auf familienportal.de, wie sich die Elternzeit in den ersten drei Jahren aufteilen lässt und wie viel Geld euch zusteht (was, so wenig?).

Besprecht dann gemeinsam, wer wann wie lange zu Hause bleiben kann oder möchte, und überlegt, was Zuhausebleiben bedeutet:
- für eure Finanzen, wobei ihr Betreuungskosten und Geld für angemessene Kleidung am Arbeitsplatz spart,
- für euer Familienleben (du »am Herd«, er im Büro, oder umgekehrt),
- für eure Zufriedenheit, denn nur zu Hause zu sein liegt nicht jedem,
- für die beruflichen Kontakte, die im Laufe der Zeit zusammenschrumpfen werden.

Das Wichtigste ist, als Paar zu entscheiden, um anschließend gemeinsam die Vorteile zu genießen und Nachteile zu bewältigen.

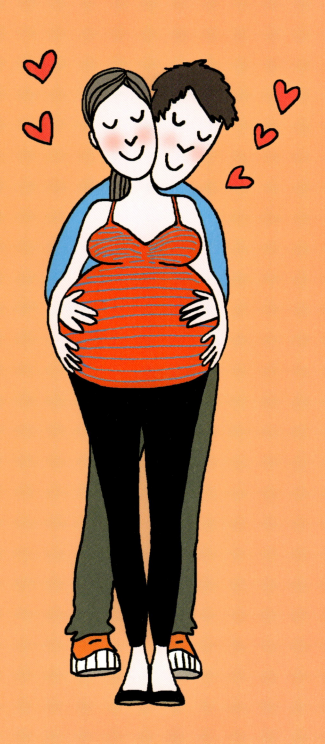

8. MONAT

WOCHE 33

Die Entwicklung deines Babys ist beinahe abgeschlossen, es fehlen nur hier und da noch ein paar Kleinigkeiten. Im Großen und Ganzen ist jetzt alles dort, wo es sein soll. Nun heißt es nur noch größer werden und zunehmen. Moment, aber nicht zu viel, es soll ja noch rauskommen!, denkst du. Keine Sorge, die Natur macht das schon. Du glaubst ja nicht, wie dehnbar deine Vagina ist. Im Zweifelsfall kann der Arzt eine Beckenmessung veranlassen, um zu prüfen, ob alles passt. Alles wird gut!

Bald halte ich dich in meinen Armen.

⭐ Von Kopf bis Fuß

Größe: 39 cm
Gewicht: 1,7 kg

UMSTANDSHALBER

- Wenn du dich wegen starker Beschwerden schon jetzt nicht mehr in der Lage fühlst, deiner Arbeit nachzugehen, kannst du deinen Arzt bitten, dir ein Beschäftigungsverbot auszustellen, und vorzeitig in den Mutterschutz gehen. Achtung: Wenn du dich im Gegenteil topfit fühlst und länger als vorgesehen arbeiten möchtest, kannst du diese Zeit nach der Geburt nicht dranhängen!

Ich kann das nicht!

Statt vor lauter Vorfreude an die Decke zu springen (was in deinem Zustand eine echte Leistung wäre), wirst du schon wieder von Panik überwältigt.

Da ist ein Baby in meinem Bauch, das bald rauskommt (autsch!) und um das ich mich dann kümmern muss ... Was hab ich mir nur gedacht?

In was für eine Welt setze ich dieses Kind? Kriege, Umweltverschmutzung, Naturkatastrophen, Armut ... Und was, wenn meine Fruchtblase im Supermarkt platzt? Wenn ich es nicht rechtzeitig in die Klinik schaffe? Wenn ich im Kreißsaal Pipi mache oder Schlimmeres? (ach, die Hebammen haben schon alles gesehen) ... Und wenn ...

Ganz zu schweigen von den Horrorgeschichten, die gewisse »gute« Freundinnen dir von ihren Entbindungen erzählen.

Da hilft nur eines: einatmen, ausatmen, einatmen, ausatmen. Das geht allen Frauen so. Bemühe dich, dir möglichst jeglichen Stress vom Leib zu halten, während du auf die Geburt wartest.

CHECKLISTE

Das Baby hat sich noch nicht gedreht, aber du würdest trotzdem gern vaginal entbinden? Frage nach einem Becken-MRT!

 UND DU SO? Wie geht es dem zukünftigen Papa? Hat er 15 Kilo zugenommen? Ist er total aufgeregt oder die Ruhe selbst?

WOCHE 34

Was diese Woche Spannendes passiert? Überraschung: Das Baby wächst. Hättest du nicht gedacht, oder?

Ansonsten ... bevorratet es sich mit Eisen, Kalzium und Phosphor (und klaut dafür sogar bei dir), um gut wachsen zu können und ein stabiles Skelett zu bekommen. Doch keine Sorge, die Knochen bleiben weich und flexibel genug, um sich in ein paar Wochen elegant durch den engen Geburtskanal zu quetschen. Der Zwerg nimmt seine Umgebung immer bewusster wahr: Geräusche selbstverständlich, aber auch das Fruchtwasser um ihn herum, die Nabelschnur ...

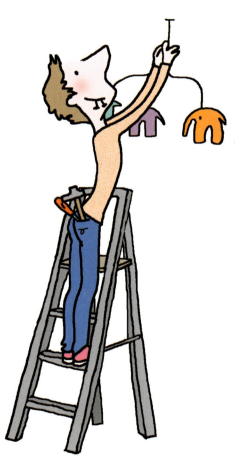

⭐ **Von Kopf bis Fuß**

Größe: 40,5 cm
Gewicht: 1,9 kg

UMSTANDSHALBER

- Nutze den Mutterschaftsurlaub, um eine hübsche Geburtsanzeige vorzubereiten (oder rauszufinden, wie man die online anfertigt), denn vor lauter Wickeln, Baden, Füttern wirst du sonst monatelang nicht dazu kommen!

Lust oder Last?

»Warte mal ab, im 8. Monat wirst du ständig Lust auf Sex haben.« Seit dir eine zuvorkommende Freundin dieses wohlgehütete Geheimnis anvertraut hat, hast du die Tage gezählt, bis sich das Feuer der Leidenschaft wieder in dir entzündet.

Nun ist die Zeit da. Feuer? Ja, heiß ist dir, aber das liegt nicht am Verlangen. Dein Bauch ist jetzt so schwer, dass du keinen Schritt – im Pinguingang – gehen kannst, ohne vor Schweiß zu triefen.

Es ziept und juckt überall, weil deine Haut an die Grenzen ihrer Dehnbarkeit stößt (ölen, ölen, ölen!). Außerdem ist dein Bauch so groß geworden, dass du einen Schwangerschaftsgürtel trägst und einen alten Schlüpfer deines Mannes anziehen musst, der endlich auf dem Weg in die Mülltonne war (die Unterhose, nicht der Mann). Siehst du, wird er jetzt sagen, wir haben doch noch Verwendung dafür ...

Letztens im Supermarkt haben sogar deine Beine unter dir nachgegeben. Zum Glück konntest du dich am Einkaufswagen festhalten. Aber auch das ist alles normal und liegt nur daran, dass sich deine Hüfte lockert, damit du es bei der Geburt nicht so schwer hast.

Das wilde Treiben muss dann vielleicht doch noch etwas warten!

CHECKLISTE

➔ Die neunte Vorsorgeuntersuchung.

➔ Fange jetzt mit Dammmassage an.

➔ Offizieller Beginn des Mutterschaftsurlaubs.

✚ *Schreib hier alles auf, was du deine Frauenärztin fragen willst:*

 UND DU SO? Ratschläge von guten (wirklich guten!) Freundinnen für den Tag X:

WOCHE 35

Der Darm deines Babys füllt sich weiter mit Kindspech (was du nach der Geburt in der Windel finden wirst), gut gewässert mit Pipi, das es über das Fruchtwasser aufnimmt. Wenn er es bisher nicht geschafft hat, sollte sich der Zwerg jetzt umdrehen, denn je mehr Zeit vergeht und je größer er wird, desto schwerer fällt ihm das. Also, kleiner Mensch, wenn du das hier liest: Jetzt oder nie! Ansonsten ist alles bereit und funktionsfähig. Auch Darm und Lunge bekommen jetzt den letzten Feinschliff.

Bald hab ich ein Baby, ein Baby ...

⭐ Von Kopf bis Fuß

Größe: 42 cm
Gewicht: 2,1 kg

UMSTANDSHALBER

- Auch wenn du eine Geburt ohne Schmerzmittel planst, solltest du dich zur PDA beraten lassen und vielleicht auch schon deine Einwilligung erteilen. Selbst bei den Tapfersten kommt es vor, dass sie sich unter der Geburt ganz spontan umentscheiden!

✱ *Zu Hilfe, nichts ist fertig!*

Deine beste Freundin, die gleichzeitig mit dir schwanger war (wie sich das gefügt hat!), hat gerade einen Monat zu früh ihr Baby bekommen. Plötzlich wird dir ganz anders. Nicht nur hat dein Schatz noch gar nicht angefangen, das Kinderzimmer zu streichen und die Möbel aufzustellen – auch deine Erstlingsausstattung besteht bisher nur aus den gestrickten Schühchen von Tante Erika!

Tja, in der Schwangerschaft hat man ein seltsames Gefühl für die Zeit. Meist scheint sie quälend langsam voranzuschreiten:

- Am Anfang, als du darauf gewartet hast, dass das Wesen in deinem Bauch wie ein richtiges Baby aussieht, nicht wie ein Außerirdischer,
- in der Mitte, als du endlich einen Tritt haben wolltest,
- und vor allem seitdem du die Tage, Stunden, Minuten zählst, die dich vom ersten Kuscheln trennen.

Aber jetzt befindest du dich auf der Zielgeraden und ist es höchste Zeit, alles fertig zu machen!

 UND DU SO? Was muss noch erledigt werden?

_____

_____

_____

_____

_____

_____

CHECKLISTE

➡ Geburts- oder Heiratsurkunde nicht auffindbar? Beantrage beim Standesamt eine neue.

✚ *Schreib hier auf, was du zur PDA fragen willst:*

WOCHE 36

Eine Hauptaktivität deines Babys: Pipi machen. Ungefähr zwei Esslöffel pro Stunde lässt es ab. Es produziert aber auch weiter Kindspech, das in seltenen Fällen (Infektionskrankheit der Mutter) in das Fruchtwasser abgehen kann. Wenn das passiert, wird die Geburt eingeleitet, um das Kind nicht in Gefahr zu bringen.

Im Übrigen hat es jetzt fast Geburtsgröße erreicht, wird aber noch an Gewicht zulegen. Große Turnübungen sind aus Platzgründen nicht mehr möglich, deshalb begnügt es sich mit hemmungslosem Grimassenziehen. Und hübsch ist es geworden! Gar nicht mehr schrumpelig, im Gegenteil: Jetzt kommen die Speckröllchen.

⭐ Von Kopf bis Fuß

Größe: 43 cm
Gewicht: 2,2 kg

UMSTANDSHALBER

• Geh noch einmal zum Friseur, zur Kosmetik, zur Maniküre … oder was dir sonst guttut!

• Sei freundlich zum Personal auf der Geburtsstation, es kann nicht schaden, dort einen Stein im Brett zu haben.

✳ *Kaspar, Melchior oder Balthasar?*

Die Verhandlungen stocken seit geraumer Zeit, die Fronten sind verhärtet. Die zwei Lager stehen sich unversöhnlich gegenüber, keiner rückt von seiner Position ab. Wenn einer versucht, das Thema anzusprechen, zieht der andere das Messer.

»Purzelchen« werdet ihr das Kind nun ja wohl doch nicht nennen (das war nur sein Arbeitstitel). Also, was tun? Hier ein paar Ideen:

- Noch einmal alles auf null und in neue Richtungen denken (Mensch, wir sind die Promi-Vornamen noch gar nicht durchgegangen).
- Eine Münze werfen und dem Verlierer zusichern, den Namen des zweiten Kindes oder den zweiten Vornamen bestimmen zu dürfen.
- Eine Umfrage in der Familie machen und euch gegenseitig schwören, das Ergebnis zu akzeptieren.
- Auf die Geburt warten und darauf hoffen, dass sich beim Anblick des Babys der richtige Name offenbart.

Viel Erfolg!

CHECKLISTE

➡ Die zehnte Vorsorgeuntersuchung.

➡ Auf Wunsch mit GBS-Screening (B-Streptokokken-Test) zur Vorbeugung einer Infektion des Neugeborenen.

❗ UND DU SO?
Kennst du schon jemandem vom Team, das dich im Kreißsaal erwartet?

_____

_____

_____

Wie soll das funktionieren?

9. MONAT

"Na hallo du."

WOCHE 37

Der letzte Monat ist angebrochen. Die Operation »Aufpolsterung« (mit reichlich Fett unter der Haut) geht weiter. Das Lanugohaar ist fast wieder verschwunden, und das Baby senkt sich in deinem Becken. Daher der Druck auf den Damm! Das Immunsystem entwickelt sich zügig weiter, denn in wenigen Wochen übernimmt es die Arbeit, die momentan noch deine Antikörper machen. Die Plazenta misst jetzt ungefähr 20 Zentimter im Durchmesser, ist 3 Zentimter dick und wiegt etwa 500 Gramm. Das ist aber noch nichts gegen die Gebärmutter. Die wiegt derzeit ein gutes Kilo, wird aber nach der Geburt schnell wieder ihr Normalgewicht erreichen.

⭐ Von Kopf bis Fuß

Größe: 45 cm
Gewicht: 2,4 kg

UMSTANDSHALBER

- Packe deinen Klinikkoffer. (Siehe S. 127)

- Wenn es dein erstes Baby ist, genieße die Nächte! Nach der Geburt wirst du lange Zeit nicht wieder durch-, geschweige denn ausschlafen können.

Keiner ist wie der andere

Das ist doch der Gipfel! Nicht nur, dass dein Schatz dich nicht mehr anfasst, seit er von der Schwangerschaft weiß, deinen Bauch kein bisschen vergöttert und sich hat bitten (ja, anflehen) lassen, mit zum Geburtsvorbereitungskurs zu kommen, für den er nach einem einzigen Termin leider keine Zeit mehr gehabt hat (weil sein Chef immer so späte Meetings ansetzt, ist klar ...). Nein, jetzt verkündet er auch noch, dass ihn keine zehn Pferde in den Kreißsaal kriegen. Dabei hast du schließlich auch keine Wahl!

Weil wir so nett sind, versuchen wir doch mal, uns in ihn hineinzuversetzen. Ja, er liebt dich, aber je runder du wurdest, desto mehr hat er ein bisschen den Halt verloren. Er sieht, wie du Mutter wirst, aber für ihn hat sich nichts geändert. Und er hat Angst, dass du nie wieder so sein wirst wie vorher.

Er ist zwar ein großer Fan von Dr. House, aber im echten Leben jagen ihm weiße Kittel eine Höllenangst ein. Ganz zu schweigen von Blut ... Und davon wird es jede Menge geben.

Also, vergiss die »Superpapas«, die schon den Akku ihrer Kamera aufladen und sich zur Vorbereitung auf das Kappen der Nabelschnur in der Handhabung chirurgischer Scheren üben. Dein Liebster ist da anders, aber deshalb kann er trotzdem ein toller Papa werden. Setze ihn nicht unter Druck, und akzeptiere, dass er nicht mit in den Kreißsaal will – kann gut sein, dass er dir im Eifer das Gefechts dann doch nicht von der Seite weicht und sich nur zu gern die Hand zerquetschen lässt!

CHECKLISTE

Geh nicht mehr ohne Krankenversicherungskarte und Mutterpass aus dem Haus!

UND DU SO?

Welche persönlichen Dinge sollen auf jeden Fall mit in die Klinik?

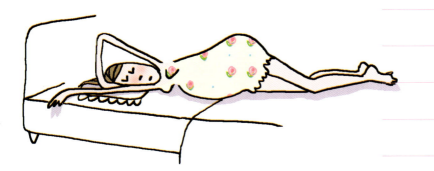

WOCHE 38

Tja ... nicht viel los. Der Lanugoflaum ist weg. Die Organe sind fertig. Alle Knochen sind vorhanden, und das sind sogar mehr als bei dir, denn einige werden erst noch zusammenwachsen. 70 Reflexe zum Sichern des Überlebens sind bereits einprogrammiert.
Dein Baby wird zunehmend pummelig, die Haut dabei immer straffer. Das Fettgewebe macht nun 15 Prozent seines Gewichts aus! Kurz: Es wird süßer und süßer.

Ich kann nicht mehr!

⭐ Von Kopf bis Fuß

Größe: 46,5 cm
Gewicht: 2,65 kg

UMSTANDSHALBER

- Klinikkoffer packen, aber schleunigst!

Puder nicht vergessen!

Wenn du zu denen gehörtest, die den Frauenarzt noch mehr scheuen als den Zahnarzt, hast du dich nach den allmonatlichen Besuchen sicher daran gewöhnt, fremde Menschen an deinen intimsten Stellen herumfuhrwerken zu lassen.

Zumindest hoffen wir es für dich, denn das war nichts im Vergleich zu dem, was ansteht …

Inzwischen siehst du deine Ärztin ja sogar alle zwei Wochen, aber der größte Spaß erwartet dich natürlich am Tag der Geburt. Am besten sagen wir es dir gleich, dann kannst du dich schon einmal seelisch und moralisch darauf vorbereiten: In der Klinik wirst du das Gefühl haben, das gesamte Personal gebe sich zwischen deinen Beinen die Klinke in die Hand. Und alle haben etwas zu kommentieren: »Ach, schon?«, »Na schau mal einer an«, »Jungs, kommt mal her, was denkt ihr? Vier oder fünf Zentimeter offen?«

Tröste dich: Die schauen nicht dich an, sondern nur einen gewöhnlichen Muttermund in der Eröffnungsphase. Total romantisch, oder?

CHECKLISTE

➔ Die elfte Vorsorgeuntersuchung …

➔ … ist vielleicht schon die letzte!

 Schreib hier alles auf, was du deine Frauenärztin noch fragen willst:

UND DU SO?

Das Nachhausekommen will organisiert sein! Schreib für den zukünftigen Papa deine Wünsche auf.

WOCHE 39

Nach dem Flaumhaar verschwindet nun auch die Käseschmiere. Der Platz für das Baby wird immer knapper (in einer Woche hat es 300 Gramm zugenommen!). Zusammengekauert wartet es auf seinen großen Auftritt. Und dir reicht's jetzt auch langsam!

⭐ Von Kopf bis Fuß

Größe: 47 cm
Gewicht: 2,9 kg

UMSTANDSHALBER

- Halt durch, bald ist es geschafft! Zähl doch in der Zwischenzeit mal, wie oft dein Telefon klingelt. (»Ist es schon da???«)

Es soll endlich losgehen!

Hätte man dir vor ein paar Monaten gesagt, dass du einmal die Entbindung herbeisehnen würdest, hättest du es wahrscheinlich nicht geglaubt. Und doch träumst du jetzt, wo du dich wie ein gestrandeter Wal fühlst, nur noch davon, dich deiner süßen Last zu entledigen.

Wie die Natur das doch macht: Nach den ersten, nicht ganz so angenehmen Monaten und der Glückseligkeit des zweiten Trimesters sorgt sie jetzt in den letzten Wochen dafür, dass du plötzlich eine irrsinnige Lust auf Seilspringen bekommst.

Du willst nur noch deine Füße wiedersehen, dich allein anziehen, deine Schuhe selbst zubinden, Treppen hochflitzen, dich nicht mehr auf den Boden setzen müssen, um die Waschmaschine zu leeren oder einen Topf aus dem Schrank zu holen, und vor allem ausgehen, shoppen oder einfach mal wieder in aufrechter Position deine Freunde sehen.

Kurz, du willst nur eines: endlich entbinden!

CHECKLISTE

Du kannst schon einmal die nach der Geburt erforderlichen Formalitäten vorbereiten, wie Anmeldung der Geburt beim Standesamt, Beantragung von Elterngeld, Elternzeit und Kindergeld.

 ## UND DU SO?

Was machst du, um entspannt zu bleiben?

WOCHE 40

Hallo Mama, hallo Papa! Bin ich nicht hübsch? Nach ein paar (oder vielen) Stunden Arbeit heißt es: Quäk quäk, ein Tränchen vergießen (oder einen ganzen Sturzbach), Finger und Zehen zählen, das erste Mal Brust oder Flasche geben und ganz viel kuscheln. Genieß es!

⭐ Von Kopf bis Fuß

Größe: 50 cm
Gewicht: 3,3 kg

Umstandshalber

• Bevor du in die Klinik fährst, solltest du, wenn die Wehenabstände nicht zu kurz sind, noch einmal baden oder duschen, auf die Toilette gehen und ein sättigendes, zuckerhaltiges Getränk (z. B. Aprikosensaft oder heiße Schokolade) oder eine kleine Mahlzeit zu dir nehmen, damit du bei Kräften bleibst.

• Die Kosten für die Fahrt in die Klinik kannst du dir unter Umständen erstatten lassen. Frage am besten direkt bei deiner Krankenkasse nach und hebe alle Quittungen gut auf.

Untrügliche Zeichen

Komisch, als du heute Morgen aufgewacht bist, hattest du plötzlich das dringende Bedürfnis, die ganze Wohnung zu putzen.

Oder endlich den Flur fertig zu streichen ... Oder die Küchenschränke neu einzuräumen ...

Oder das Zimmer des Großen auszumisten ... Kurz: Du bist in Hochform und könntest tausend Dinge erledigen.

Oder im Gegenteil: Du hängst total durch und dir ist übel. Oder du hast Schleim im Slip entdeckt ... Spätestens jetzt solltest du wirklich (wirklich!) deine Tasche packen. Die ersten Wehen werden nicht lange auf sich warten lassen. Und wenn du plötzlich ein warmes, nasses Gefühl zwischen den Beinen spürst (nein, das ist kein Pipi), lege dieses Buch weg und rufe in der Klinik an, denn deine Fruchtblase ist geplatzt!

UND DU SO? Erzähle von einem magischen Moment aus den bewegten letzten neun Monaten.

GRUNDAUSSTATTUNG

Kurz, knackig und übersichtlich: Hier findest du eine Liste mit allem, was ihr nach der Geburt und für die ersten Monate an Ausstattung zu Hause haben solltet. Was rosa gedruckt ist, braucht ihr von Anfang an, mit dem Rest könnt ihr euch noch Zeit lassen.

		Unentbehrlich	Praktisch	Menge	
SCHLAFEN	Stubenwagen/Wiege		✗	1	
	Babybett	✗		1	außer ihr nutzt anfangs nur den Stubenwagen
	Schlafsack	✗		2	
	Bettlaken	✗		2	
	Nässeschutz	✗		2	mit Polyurethan-Beschichtung
	Bettumrandung	✗		2	für Bettchen mit Gitterstäben
	Mobile	✗		1	
	Schnuller		✗	2	zur Befriedigung des Saugbedürfnisses
	Nachtlicht		✗		praktisch beim Stillen
	Babyphon		✗		
SÄUBERN	Wickeltisch	✗		1	
	Wickelunterlage	✗		1	
	Babybadewanne	✗		1	
	Badethermometer	✗		1	
	Badewannensitz	✗		1	
	Kapuzenhandtuch		✗	2	
FÜTTERN	Stillkissen	✗		1	wenn du stillst
	Stilleinlagen	✗		reichlich!	wenn du stillst
	Lanolin-Brustwarzensalbe	✗		1	wenn du stillst
	Fläschchen und Sauger	✗		6	wenn du nicht stillst
	Mikrowellen-Sterilisator	✗		1	wenn du nicht stillst
	Flaschenwärmer		✗		wenn du nicht stillst
	Flaschenbürste	✗		1	wenn du nicht stillst
	Lätzchen	✗		reichlich!	wenn du nicht stillst
	Hochstuhl	✗			
	Elektr. Babynahrungszubereiter		✗		
SPIELEN	Babywippe			1	
	Laufstall		✗	1	
	Spielbogen/-decke		✗	1	
UNTERWEGS	Bauchtrage, Tragetuch		✗	1	
	Babyschale	✗		1	oder im Auto fixierbare Tragewanne
	Tragewanne	✗		1	
	Kinderwagengestell	✗		1	am besten mit Befestigung für Babyschale
	Buggysitz (für Kinderwagen)		✗	1	
	Kinderautositz	✗		1	
	Reisebett	✗		1	
	Sportwagen/Buggy	✗		1	wenn das Baby sitzen kann

Ich packe in meinen Koffer ...

Das solltest du zu einer Entbindung mitnehmen.

⮕ **Für dich:**
- Kliniküberweisung
- Krankenversicherungskarte
- Mutterpass
- Personalausweis
- Ggf. Allergiepass
- Familienstammbuch bzw. Geburtsurkunde, Heiratsurkunde bzw. Vaterschaftsanerkennung
- 2 Nachthemden, zum Stillen vorn zu öffnen
- Warme Socken/Hausschuhe
- Bademantel
- Strickjacke
- Kochfeste Slips (ansonsten bekommst du in der Klinik schicke Netzhöschen)
- Wochenbetteinlagen (besonders dicke Binden, bekommst du wahrscheinlich auch in der Klinik)
- Waschtasche
- Dein Make-up. Nein? Doch, doch!
- Mindestens 2 bequeme, aber schmeichelhafte Outfits (denk an die Fotos!), zum Stillen vorn zu öffnen
- Stillende Mütter: 2 Still-BHs und Stilleinlagen, Stillhütchen
- Ein gutes Kissen, Ohrstöpsel (keine Sorge, das Baby hörst du trotzdem!) und Schlafmaske, vor allem im Mehrbettzimmer
- Einen hübschen Kopfkissenbezug (für ein heimisches Gefühl und Fotos)
- Alles, was es im Krankenhaus nicht gibt: guten Tee, reifes Obst, ein paar Süßigkeiten (ein paar, haben wir gesagt!) usw.
- Handy mit Ladegerät, Musik, Zeitschriften, Sudoku-Heft, Kamera ...
- Beutel für Schmutzwäsche
- Ein paar Flaschen Wasser
- Thermalwasserspray

⮕ **Für das Baby:**
- Schnuller
- 5 Bodys
- 5 Strampler
- 2 Jäckchen
- Erstlingssöckchen

Fön
Pflegeöl

- Erstlingsmützchen
- 1 Schlafsack
- Reichlich Mullwindeln
- Das erste Plüschtier
- 1 Outfit für die Heimfahrt
- Babyschale (am besten erst nach der Geburt mitbringen lassen) und Decke

In einer Geburtsklinik wird die Kleidung für den Aufenthalt dort im Normalfall zur Verfügung gestellt. Dann genügt weniger.

Was du sonst noch wissen wolltest (oder nicht)

Mehr Infos, Tipps und Adressen

IDEEN

Lass dich inspirieren!

Zwei Dinge, mit denen sich werdende Mütter nächtelang herumschlagen, sind die Suche nach dem passenden Vornamen und die Frage: Wie komme ich an die schönsten Geburtskarten, die die Welt je gesehen hat?

 ### Vornamen-Trends

Für die Suche nach dem perfekten Vornamen haben wir ein paar Vorschläge zur Ergänzung der Top-Ten-Listen mit den beliebtesten Namen, die du im Internet findest.

Die Klassischen

Junge	Mädchen
Artur	Alma
Benno	Berta
Friedrich	Karla
Georg	Friederike
Johann	Charlotte
Karl	Frieda
Leopold	Margarete
Maximilian	Irma
Richard	Karolina
Wilhelm	Viktoria

Die Seltenen

Junge	Mädchen
Arian	Anouk
Brennon	Cleo
Cosmo	Elin
Elwin	Fjella
Janus	Janita
Keno	Lyra
Miko	Moja
Remi	Nike
Tomke	Philina
Veit	Suna

Die Neutralen

Alexis	Kai
Bente	Robin
Chris	Quinn
Kim	Eike
Mika	Luka
Sascha	Florin
Toni	Alex
Ulli	Elia
Charlie	Jona
Dominique	Maxi

✤ *Die Geburtskarte*

Du bist keine große Bastlerin, hast aber im Moment genügend Zeit und möchtest die Geburt deines Babys mit einer hübschen, ganz persönlichen Geburtskarte würdigen? Ran an die Schere und den Bastelleim, wir erklären dir, wie es geht.

Material: Bunte Klappkarten, normale Schere, Zackenschere, Washi-Tape, Stempel und Stempelkissen, Filzstifte, Bänder, Goldsticker in Herz- oder Sternform, Stoff- und Papierkleber, geblümter oder gepunkteter Stoff, Spitzenborte, Knöpfe, Motivstanzer und was dir sonst noch einfällt.

Bezugsquellen: Eine große Auswahl findest du in Bastelgeschäften sowie in zahlreichen Onlineshops wie zum Beispiel:

ww.idee-shop.com
www.scrapbook-werkstatt.de
www.faltkarten.com
www.vbs-hobby.com
www.creativ-discount.de

Themenideen

- **Klassisch:** Aus Fotokarton ein Herz, einen Schnuller oder ein Fläschchen ausschneiden. Den Text auf andersfarbiges Papier schreiben, mit der Zackenschere ausschneiden und auf die Form kleben. Mit einem hübschen Band oder Knopf verzieren.
- **Universum:** Drei verschieden große Kreise aus Pergament- oder Glitzerkarton ausschneiden. Den kleinsten mit Ornamentstempeln verzieren. Auf den mittleren den Anzeigentext schreiben und auf den größten ein Foto vom Baby kleben. In alle Kreise am Rand ein Loch stanzen und mit silbernem oder goldenem Band zusammenbinden.
- **Rockig:** Aus Fotokarton vier kleine Rechtecke ausschneiden. Auf eines den Vornamen schreiben, auf das zweite das Geburtsdatum usw. Alle auf eine andersfarbige Karte kleben, dabei rundherum Platz lassen. Mit Stempeln und Stickern (Gitarre, Blitz, Herz mit Flügeln usw.) verzieren.

WEITERE ANREGUNGEN GESUCHT?

➜ Gib bei Pinterest oder in der Google-Bildersuche »Geburtskarte basteln« ein. Dort findest du viele einfache, aber effektvolle Ideen.

DIGITALE HELFERLEIN

➜ Praktische Hilfe bei der Vornamenwahl bieten Apps. Sehr beliebt ist CharliesNames.

- Tekkie: QR-Code-Herz (zu finden über die Google-Bildersuche) ausdrucken. Mit Filzstiften ausmalen, auf eine farbige Karte kleben und den Text in HTML schreiben.
- Weltenbummler: Eine Blanko-Bordkarte (zu finden über die Google-Bildersuche) ausdrucken und Namen des Passagiers (Baby), Ankunftszeit, Namen der Piloten (du und Papa), Zielflughafen (eure Adresse) usw. eintragen.

Vorausgedacht und Zeit gespart

➜ Der Text muss bis nach der Geburt warten, aber was du gleich noch erledigen kannst: Umschläge adressieren und frankieren!

➜ Du hast keine Lust, Energie oder Zeit, 80 Geburtskarten selbst zu basteln? Im Internet gibt es unzählige Seiten, auf denen du mit ein paar Klicks sehr hübsche Karten finden und personalisieren kannst. Eine kleine Auswahl:

www.sendmoments.de
www.kartenmacherei.de
www.planet-cards.de
www.carteland.de
www.etsy.com
www.pixum.de

ANHANG • IDEEN

Klebe hier eure Geburtskarte ein.

FINANZEN

Wie viel kostet ein Baby?

Welche Kosten kommen auf mich zu und wo kann ich sparen?

> **GESCHICKT GESPART**
>
> Babytransport ist echt teuer. Kinderwagen, Reisebett, Kinderautositz usw. können sich locker auf über 1000 Euro summieren!
>
> Du kannst aber auch alles gebraucht kaufen bzw. leihen. Achte nur darauf, dass die Sachen in gutem Zustand sind und den aktuellen Sicherheitsanforderungen entsprechen.

❋ *Ernährung bis 6 Monate*

➲ BRUST

Einmalige Kosten: Ca. 150 Euro für zwei Still-BHs und Zubehör (Stilleinlagen, Pumpe ...).

Günstigere Alternative: Keine ... Geht ja schon mal gut los!

➲ FLASCHE

Einmalige Kosten: Ca. 100 Euro für Flaschen, Sauger, Flaschenbürste, Flaschenwärmer, Sterilisator ...

Monatliche Kosten: Ab 50 Euro aufwärts für Pre-/Anfangsmilch.

Günstigere Alternative: Stillen (wenn du möchtest). Den Sterilisator kannst du dir sparen, wenn du Fläschchen und Sauger sehr gründlich mit sehr heißem Wasser reinigst.

❋ *Ernährung ab 6 Monaten*

Einmalige Kosten: Ca. 200 Euro für Hochstuhl, Lätzchen, Kindergeschirr und -besteck ...

Monatliche Kosten: Bis zu 75 Euro für Gläschen und ab 50 Euro aufwärts für Folgemilch.

Günstigere Alternative: Koch den Babybrei selbst – am einfachsten mit einem elektrischen Babynahrungszubereiter. Lass dir den Hochstuhl schenken, leih ihn oder kauf ihn gebraucht.

Windeln

Monatliche Kosten: Bis zu 50 Euro für Einwegwindeln.

Günstigere Alternative: Gebraucht kaufen ist hier ja leider keine Option. Günstiger und umweltfreundlicher sind Stoffwindeln, aber: die Anschaffungskosten sind hoch (ca. 700 Euro für die Komfortvariante, es gibt aber auch günstige Testpakete) und der Waschaufwand ist es auch.

Weitere Alternative: Biologisch abbaubare Öko-Einwegwindeln. Nicht billiger als die konventionellen, aber umweltschonend.

Pflegeprodukte

Einmalige Kosten: Ca. 200 Euro für die Grundausstattung (Badewanne, Badesitz, Wickeltisch, Kapuzenhandtücher).

Monatliche Kosten: Ca. 20 Euro für Feuchttücher, Babyöl, Wundschutzcreme, Wattestäbchen usw.

Günstigere Alternative: Auch hier kannst du die Grundausstattung gebraucht kaufen oder ausleihen. Statt Feuchttücher Waschlappen benutzen – das ist sowieso das Beste für Babys Haut!

Kleidung

Für das erste Jahr brauchst du sechs bis acht komplette Outfits in ungefähr vier Größen. Das kann leicht dein eigenes Klamottenbudget für die nächsten fünf Jahre auffressen. Es sei denn, du stellst es geschickt an und

- lässt dir zur Geburt Babykleidung schenken (Wunschzettel schreiben!),
- sammelst bei deinen Freundinnen abgelegte Kleidung ein (du glaubst ja nicht, was für Schätze da auf dich warten),
- räumst Kinderflohmärkte ab (dort gibt es jede Menge Babysachen unfassbar günstig) oder
- gehst im Internet auf Schnäppchenjagd.

DIGITALE HELFERLEIN

➔ Bevor du dich in einen superschicken Kinderwagen verliebst, der ein halbes Vermögen kostet, lies dir zum Beispiel auf www.consobaby.de durch, was andere Eltern von dem Modell halten.

Vielleicht ist jetzt der Moment, mit dem Führen eines Haushaltsbuchs anzufangen? Entsprechende Apps helfen dir dabei.

➔ Zum Träumen oder um die Schenkwut der Großeltern in die richtigen Bahnen zu lenken, hier unsere liebsten Onlineshops für Kinderzimmer-Krimskrams:

www.kinderraeume.com
www.my-fantasyroom.de
www.tausendkind.de
www.vertbaudet.de
www.emilundpaulakids.de
www.engelundbengel.com

GLOSSAR

•

Vokabelheft für Schwangere

Seit ein paar Wochen (oder Monaten) lebst du wie in einer anderen Dimension: Es wimmelt nur so vor Frauen und Männern in Weiß, die eine seltsame Sprache sprechen. Wir haben ein kleines Glossar zusammengestellt, damit du verstehst, wovon sie reden, anstatt nur so zu tun und lächelnd zu nicken.

Amniozentese: Entnahme von Fruchtwasser mithilfe einer Nadel, um Chromosomendefekte festzustellen, wenn die Blutuntersuchung ein erhöhtes Risiko ergeben hat. Ja, das ist gruselig, aber nein, es tut nicht weh.

Apgar(-Score): Reihe von Tests, die direkt nach der Geburt mit dem Baby durchgeführt werden (Herzfrequenz, Atmung, Hautfarbe, Muskeltonus und Reflexe).

CTG: Kurz für Cardiotokografie. Gerät, das über Sensoren an Mamas Bauch die Wehen und den Herzschlag des Babys aufzeichnet. Wird bei der Vorsorge und während der Geburt genutzt, um das Baby zu überwachen.

Episiotomie: Dammschnitt, der oft beim Austreten des Kopfes gesetzt wird, um ein Einreißen zu verhindern. In dem Moment tut es nicht weh, aber bis zur Heilung musst du mit ein paar Beschwerden rechnen.

Forceps: Geburtszange, mit der der Kopf des Babys gefasst wird, um ihm herauszuhelfen, wenn Wehen und Pressen nicht ausreichen.

Gestationsdiabetes: Anstieg des Blutzuckerspiegels in der Schwangerschaft, der mit einem Test erkannt wird.

Kolostrum: Erstmilch oder Vormilch, die vor der eigentlichen Muttermilch am Ende der Schwangerschaft und in den ersten Tagen nach der Entbindung in der Brust gebildet wird. Sie steckt voller Proteine und Antikörper.

Lanugohaar: Haarflaum, der ab ca. der 16. SSW am ganzen Körper wächst. Kann bei der Geburt stellenweise noch vorhanden sein. In den ersten Lebenswochen verschwindet er aber spätestens.

Linea Nigra: Dunkle Linie, die bei manchen werdenden Mamas vom Bauchnabel senkrecht zum Schambein oder auch oberhalb des Bauchnabels verläuft. Geht wieder weg!

Lochien: Wochenfluss. Abfluss von Wundsekret (Blut, Gewebereste) in den zwei bis drei Wochen nach der Entbindung. Dabei erholt sich die Gebärmutter von den Strapazen.

Mehrpara: Eine Frau, die bereits mindestens ein Kind geboren hat.

Nackentransparenz: Flüssigkeitsansammlung im Nacken des Fötus, deren Durchmesser beim ersten Ultraschall bzw. beim Ersttrimester-Screening gemessen wird, um das Risiko von Chromosomdefekten zu bestimmen.

Nullipara: Eine Frau, die noch kein Kind geboren hat (aber eine Null ist sie deswegen nicht!).

Schleimpfropf: Genau das, wonach es klingt. Er verschließt während der Schwangerschaft den Muttermund, um das Ungeborene zu schützen. Wenn du den in deinem Slip findest, wird sich dein Baby bald auf den Weg machen.

SSW: Abkürzung für Schwangerschaftswoche, deren Zählung jedoch zwei Wochen vor dem eigentlichen Beginn der Schwangerschaft aufgenommen wird, nämlich am ersten Tag der letzten Regel.

Toxoplasmose: Infektion, die unter normalen Umständen harmlos ist, aber in der Schwangerschaft zu Fehlbildungen führen kann. Du wirst darauf getestet. Wenn du nicht immun bist, befolge die Ratschläge der Ärztin!

Vakuumextraktor: Auch als Saugglocke bekannt. Wird auf den Kopf aufgesetzt, wenn das Baby es nicht allein auf die Welt schafft.

Vernix caseosa: Käseschmiere. Wachsähnliche weiße Substanz, die das Baby in seinem Fruchtwasserbad schützt. Bei der Geburt ist oft noch ein wenig übrig.

> Jetzt weißt du Bescheid. Wir könnten das natürlich noch endlos weiterführen, aber vermutlich brennst du nicht gerade vor Neugier, was ein »endozervikales Zylinderepithel« oder eine »Oligoasthenoteratozoospermie« ist, oder?

PSYCHOLOGIE

Seltsame Träume

Wir haben einmal junge Mamas gefragt, was sie in der Schwangerschaft so geträumt haben, und damit die Büchse der Pandora geöffnet! Da war ein Traum witziger, wunderlicher und gruseliger als der andere.

✳ *Träume für den Gefühlsüberschwang*

Es ist normal, in der Schwangerschaft intensiv zu träumen, denn in unseren Träumen kommen die unterschiedlichen Gefühle zum Ausdruck, die wir angesichts der Veränderungen an unserem Körper, der bevorstehenden Entbindung, unserer neuen Aufgabe als Mutter oder der Auswirkungen, die das auf unsere Partnerschaft haben mag, empfinden. Unter die Freude auf das Baby mischen sich auch Ängste und Zweifel. Die Schlafstörungen, von denen viele Schwangere betroffen sind, und das Hormonchaos machen es nicht leichter. Aber in unseren Träumen freunden wir uns Stück für Stück mit der neuen Lebenssituation an.

Wenn dich deine Träume zu sehr durcheinanderbringen, sprich mit Freundinnen, die das schon erlebt haben, und auch (um nicht zu sagen vor allem!) mit dem zukünftigen Papa, der wahrscheinlich ebenfalls verrückt träumt. Dass du dich im Traum auch ab und zu mit Bradley Cooper vergnügst, kannst du ja für dich behalten.

❗ **UND DU SO?**
Wovon hast du geträumt?

ANHANG • PSYCHOLOGIE

➲ Die Top Ten der Schwangerschaftsträume

- Ich habe oft geträumt, dass ich mein Kind auf der Arbeit entbinden musste.
- Ich hatte oft sehr heiße Träume von Promis.
- Ich hatte brutale Träume mit viel Blut, abgehackten Köpfen und Piraten.
- Ich habe geträumt, dass mein Baby eine Gaumenspalte, eine riesige Nase und drei Beine hat.
- Ich habe geträumt, dass im Säuglingszimmer in der Klinik alle Babys mit dem Kopf in einem Sandkasten lagen.
- Ich habe geträumt, dass ich etwas mit meinem Zahnarzt angefangen und dann ein schlechtes Gewissen bekommen habe, als mir das Baby und mein Liebster wieder eingefallen sind.
- Ich habe geträumt, dass ich getrocknete Tomaten im Bauchnabel stecken hatte, und als ich sie herausgenommen habe, hat es aus meinem Nabel geleuchtet.
- Ich habe mich nachts immer mit meiner Mutter gestritten.
- Ich habe geträumt, dass ich vergessen habe zu entbinden und mein Baby dann schon 18 Monate im Bauch war.
- Ich habe geträumt, dass ich eine Katze zur Welt gebracht habe.
- Ich habe geträumt, dass mein Baby aussieht wie mein Ex.

Klebe hier ein Foto von deinem wunderschönen Babybauch ein.

SCHÖNHEIT

Ein Schlachtplan

Immer runder werden und dabei schön bleiben ... ohne Dehnungsstreifen, dafür mit dem berühmten Strahlen, der angeblich mit einer Schwangerschaft kommt. Zwei Herausforderungen, die wir zusammen angehen wollen. Yes, we can!

Dein Plan gegen Dehnungsstreifen

Gute Produkte: Spezialcremes, die in der Tiefe wirken und nicht nur an der Oberfläche wie eine normale Feuchtigkeitscreme.

Gute Wirkstoffe: Kollagen, Elastin, Vitamin E oder F, Kerzenstrauch-Extrakt.

Die Chancen auf Erfolg steigen, wenn du

• von Beginn der Schwangerschaft an cremst, denn auch wenn es noch nicht danach aussieht, verändert sich deine Haut durch die Hormone schon jetzt erheblich.

• jeden Morgen cremst und das Produkt behutsam einmassierst, damit es gut einzieht.

Extra-Tipps
• Gegen Jucken und Spannungsgefühl abends Feuchtigkeitscreme auftragen.

• Versuche, nicht zu viel zuzunehmen ... Oder nicht zu schnell. Trinke viel Wasser.

Günstige Alternative: Pflanzenöle, wie sie seit hunderten von Jahren verwendet werden, funktionieren oft gut. Besonders

---

UMSTANDSHALBER

Dehnungsstreifen tauchen meist um den vierten Monat auf.

ANHANG • SCHÖNHEIT

empfehlenswert für die Schwangerschaft sind Mandelöl und Traubenkernöl, am besten aus dem Bioladen. Ansonsten kannst du nur hoffen, dass du gute Gene hast!

✱ *Das geheimnisvolle Strahlen*

Wenn du schwanger bist, strahlst du von innen. Schwangere sind so schön! ... Welcher Idiot hat dieses Gerücht verbreitet? Deine Augenringe und dein fahler Teint sind von Strahlen weit entfernt. Aber da lässt sich was machen. Wie wäre es mit einem kleinen Beauty-Tutorial?

➲ TÄGLICHE PFLEGE

Morgens: Mit Thermalwasserspray das Gesicht benebeln, um dich aufzuwecken und die Haut angenehm mit Feuchtigkeit und Spurenelementen zu versorgen. Alles gut einziehen lassen und dann Augenkonturcreme, ein Serum für strahlenden Teint (»Glow«) und eine Pflegecreme für deinen Hauttyp mit Lichtschutzfaktor (zur Vermeidung der berüchtigten »Schwangerschaftsmaske«) auftragen.

Abends: Abschminken und das Gesicht mit Reinigungspads und Mizellenwasser abreinigen, bis das Pad sauber bleibt. Ja, das dauert, ist aber für einen schönen Teint unumgänglich! Anschließend mit zart massierenden, kreisenden Bewegungen Augenkonturcreme und eine feuchtigkeitsspendende Nachtcreme auftragen.

➲ WÖCHENTLICHE PFLEGE

Benutze für eine schonende Tiefenreinigung der Haut einmal pro Woche ein nicht abrasives (enzym- oder säurehaltiges-) Peeling, gefolgt von einer Feuchtigkeits- oder Glow-Maske.

➲ KASCHIERENDES MAKE-UP

Jetzt, da deine Haut vor Glück strahlt, weil sie so herrlich verwöhnt wird, kann etwas Farbe ins Spiel kommen.

Grundierung: Verwende eine flüssige Grundierung mit »Glow«, »Luminous«, »Eclat« oder »Radiant« im Namen, und trage sie mit den Fingerspitzen in der T-Zone auf (Stirn, Nase, Kinn).

UMSTANDSHALBER

Wenn Creme, Peeling oder Maske brennen oder du das Gefühl hast, dich mit der Käsereibe geschrubbt zu haben, sofort das Produkt wechseln!

Wangen: Keine Angst, wir machen keine 80er-Schönheit aus dir. Um frischer auszusehen, reicht ein wenig Rouge, das mit den Fingerspitzen dort aufgetragen wird, wo sich beim Lächeln Bäckchen bilden. Dann verwischst du es zu den Schläfen hin.

Augen: Augenbrauen sorgfältig zupfen (also von allem befreien, was am unteren Rand und an der Nasenwurzel zu viel ist) und mit einer (frischen!!!) Zahnbürste nach oben bürsten. Anti-Falten-Augencreme mit Glow-Effekt auftragen (auch auf der Nasenwurzel in Augenhöhe). Weißen Perlmuttlidschatten auf den inneren Augenwinkel und unter dem Augenbrauenbogen auftragen und mit den Fingern nach außen verwischen. Am Ende in kleinen Zickzack-Bewegungen Mascara auftragen, am besten in zwei Schichten.

Wenn du deine Fans wirklich umhauen willst: Einen zarten Lidstrich mit Eyeliner am oberen Wimpernrand, einen Hauch Perlmutt-Lidschatten in Dunkelbraun oder Karamell über den äußeren Augenwinkel und ein wenig weißen Kajal auf die untere Wasserlinie.

GUT BERATEN

➜ Bevor du ratlos vor dem Make-up-Regal stehst, frag eine Kosmetikerin nach dem passenden Farbton für die Grundierung. So vermeidest du auszusehen wie Donatella Versace frisch aus dem Solarium.

↺ *Klebe hier ein Foto vom umwerfenden Ergebnis ein.*

MODE

Mit Bauch topmodisch kleiden? Babyleicht!

Bestimmt hast du längst alle infrage kommenden Geschäfte in deiner Stadt ausgespäht und die Umstandsabteilungen der großen Ketten gescannt, die nicht nur hübsche junge Mode anbieten, sondern auch das Portemonnaie schonen.

❗ Und du so?
Wo kaufst du am liebsten ein?

_____

_____

_____

_____

_____

_____

✳ *Onlineshopping*

Wenn du dir für besondere Anlässe mal etwas gönnen willst oder auch auf dem Sofa richtig schick aussehen möchtest, findest du im Internet eine tolle Auswahl, zum Beispiel auf:

www.seraphine.com
www.enviedefraise.de
www.mamalicious.com
www.paulajanz.com